成功家教
直通车

U0625131

世上只有

天下没有

爸爸妈妈
去哪儿了
——今天怎样当父母

杨 静 编著

煤炭工业出版社

·北 京·

图书在版编目（CIP）数据

爸爸妈妈去哪儿了：今天怎样当父母／杨静编著.
－－北京：煤炭工业出版社，2014（2017.4 重印）
（成功家教直通车）
ISBN 978－7－5020－4524－1

Ⅰ.①爸…　Ⅱ.①杨…　Ⅲ.①家庭教育　Ⅳ.①G78

中国版本图书馆 CIP 数据核字（2014）第 088857 号

煤炭工业出版社　出版
（北京市朝阳区芍药居 35 号　100029）
网址：www.cciph.com.cn
北京一鑫印务有限公司　印刷
新华书店北京发行所　发行
*
开本 720mm×1000mm¹/₁₆　印张 13
字数 168 千字
2014 年 8 月第 1 版　2017 年 4 月第 2 次印刷
社内编号 7367　定价 25.80 元

前　言

在对孩子的教育过程中，没有教不好的孩子，只有不会教的父母。父母对孩子的影响十分深远，是引领孩子走向世界的第一任导师。父母也曾经是孩子，对孩童的世界并不陌生，但是随着时间的推移，世界也在发生着日新月异的变化，父母的童年生活跟现在孩子的童年生活有着巨大的差异，生活方式、思维模式、认知观念等都与从前有着极大的不同，如何做好父母，成了摆在每位父母面前的问题。教育最主要的宗旨就是成人，教会孩子学做人是成功的先决条件。培养出一个有教养、有道德感和责任感的孩子，才是教育的价值所在。现如今，一种新型的家庭模式已经显现，那就是"421"的家庭模式，在4个老人、夫妻2人、1个孩子这样的"新家庭时代"下，夫妻的生活压力逐渐增大，独生子女的教育问题也井喷式地爆发出来。

现如今独生子女存在娇生惯养、心理承受力差、利己主义严重等问题，除了社会这个大环境之外，父母应该从自身教育方面找找原因：是什么扼杀了孩子的天性？是什么让孩子变得脆弱？是什么加剧了孩子的孤独感？又是什么让孩子无辜地受到伤害？忙碌的生活蒙蔽了双眼，让父母看不清自己的价值，看不清孩子的世界，甚至忽视了孩子的心灵，试图以自己的价值观去框定孩子，给孩子强加一条"现成的道路"，美其名其曰"经验之谈"，剥夺了孩子追求自我的机会，泯灭了孩子的闪光点和价值。

前车之鉴、后事之师这句话有其存在的道理，可是对于孩子的教育来说，重要的不是父母认为正确的，而是应该以孩子为中心，给他提供最适合的教育方法。这就需要我们做父母的擦亮自己的双眼，放低自己的权威姿态，倾听孩子的心声，看看他们需要什么，听听他们在说什么，只有你用心看了、听了，而后才是现代教育的开始。现代教育需要法则，孩童的世界也需要法则，他们有他们独特的认知方式，父母在教育过程中应该尊重，而不是扭曲和管制。父母如何做到尊重，如何才能让孩子在遵守规则的前提下不丧失自由，如何让孩子保有美好的天性，如何让孩子拥有坚强的承受力，如何让孩子学会自我保护不受到伤害……这些现代家庭教育中遇到的问题，都是本书将要阐述的重点。

现代家庭需要的是有智慧的父母，父母教育孩子的过程，也是一个自我教育的过程。智慧父母懂得"穷则变，变则通，通则久"的道理，并且会将此道与孩子教育联系起来，在与孩子的相处中，了解、倾听、判断，最终反省自己，采纳适合孩子的不同的教育方法来进行教育，使得教育孩子的这条道路永远充满欢乐与自由，收获的是孩子的健康成长，是孩子的独立自主，更是孩子的自尊自爱。

父母在教育的过程中，不应该是由上而下、颐指气使式的教育，而应该是在平等沟通的前提下进行的"朋友式"教育。对孩子教育的同时伴随着父母的思考和反省，这才是现代家庭教育最重要的环节。

现代父母都在翘首企足，渴望有一个标杆能够带领我们去探索孩子的内心世界，去领略孩童眼里的风景，这本书给智慧父母的内心期许提供了一种可能性。它带领我们去认识家庭教育的重要性，去了解孩子心里在想什么，知会孩子的可贵天性，教会孩子爱与责任，帮助孩子获得身心健康，学会与孩子良好沟通，让孩子学会自我保护等。智慧父母都在寻找一种教育孩子的良方，这全都是因为爱。

这本书的内容让父母的无尽之爱流向孩子的内心，流向孩子的世界，共同搭建起一座爱的桥梁。

目录

成功家教直通车

第一章
父母，引领孩子看世界

苏联的教育学家苏霍姆林斯基曾经说过这样一句话：假若你每天不进行系统的教育工作，那么你的孩子将智力发育不良，进入学校后学习也不会好。可见，良好家教是开启孩子世界的第一扇窗。在家庭教育中，父母起着至关重要的作用，孩子最容易受父母的影响，在耳濡目染的过程中逐渐打开认识世界的大门。父母是引领孩子看世界的第一人，所以良好的家庭教育必不可少。

一、 孩子一生好不好， 良好家教不可少

是父母听到孩子来到这个世界的第一声啼哭，是父母教会孩子发出人生的第一个音符，是父母教会孩子辨认蓝天大地，同样是父母教会孩子仁爱慈悲，教会孩子树立理想，教会孩子确认"我"的存在等。可以说，孩子从出生到心智逐渐成熟的这个阶段，多半是同父母一起度过的。父母是孩子的第一任导师，孩子对于世界的认知和价值观念的形成，都与父母的家庭教育密不可分。

孩子一旦出生，对于父母来说，最大的心愿莫过于希望孩子成为一个优秀的人、快乐的人。在中国，"望子成龙、望女成凤"的愿望根深蒂固，渴望孩子收获一个健康的人生、健全的人格，这几乎是中国所有父母的朴素心愿。所以，父母自身的修养以及对孩子的引导，将决定着孩子走上什么样的成长之路。

在良好教育下"设计"孩子的未来，对于父母来说是一项事业，而且这项事业长久不衰，并要与自身的提高、时代的发展相得益彰。作为父母，提高自身的教育修养水平十分必要，尤其是在现代社会急剧发展的情况下，父母不能再用守旧、老土的教育理念去教育孩子，而是应该顺应时代，更新教育理念，把家教的过程当做一次对自己的重塑，在教育孩子的过程中与孩子一起体会其中的快乐与忧愁。

每个孩子都有自己独特的个性，因材施教不只是学校老师的职责，更是父母的责任。家庭作为孩子的第一课堂，父母作为孩子第一个模仿和依赖的对象，对于孩子个性的形成、人格尊严的维护有着十分重要的作用。教育的最高目的就是把孩子培养成一个全面发展的、有和谐个性的人。在孩子的世界里，不仅仅只有学习，比学习更重要的是生活，以及生活中的道德感和创造力。因为一个孩子不光是一个学生，最重要的前提他首先是一个人，而且是一个有着多方面需求、兴

趣和愿望的人。可以说，这才是父母在进行家庭教育之前最应该思考的问题。

世界上没有什么比人性更复杂、更丰富的东西了。孩子刚开始接触世界的时候就像一张白纸，父母就是拿画笔的人，父母如何执笔作画，决定着孩子将收获怎样的人生。因此可以说，孩子单纯的世界离不开父母的引导。如何教育孩子，是摆在父母面前最迫切的问题。

当前社会，独生子女越来越多，很多父母都把自己的孩子当做"宝贝疙瘩"，不论在家里还是在社会上，看不得孩子受一点的委屈，集万千宠爱于一身，生怕一阵风都会把孩子刮跑。给孩子最好的东西、花最多的钱、进最好的学校，几乎满足孩子的任何要求。但是，父母只是按照社会大众化的趋势对孩子进行塑造，却没有进入孩子的内心让孩子做最正确的选择，最后反而让孩子丧失了最基础的家庭教育而养了一身的坏毛病。作为父母，要知道生活中最好的不一定就是最对的。

现实生活中的很多父母，很少静下心来思考，自己的孩子适合怎样的教育和引导，他只是墨守成规地按照老套的思维模式去框定，却从来没有做到"因材施教"。在这样简单划一的教育模式中，孩子的个性得不到充分的发展，无法获得纯粹的快乐。对于父母来说，看似付出了很多却没有得到自己想要的结果，最终还会不时地埋怨孩子不懂事，不能理解自己等。这样一来，问题就出来了，你给的不一定是孩子想要的。要想有理想的效果，首先就是要明白孩子的世界，知道什么是孩子需要的，补其所需，方能立竿见影。

传统思维模式的父母，经常把僵化的语言和行为施加于孩子身上。例如，孩子刚开始进入校园生活，父母会说：好好听老师的话，别调皮，要做个乖孩子。当孩子遇到人生重要转折的时候，父母又会说：我这么做都是为你好，听我们的没有错。当孩子走向工作岗位时，父母又会说：要好好工作，照顾好自己，有什么需要就跟我们说。

不强调精神的独立和丰富，不强调快乐，不强调道德的重要性，只一味地以最常规的要求来规范孩子，仿佛重要的不是孩子本身，而是周围的环境。

随着现代化程度的不断深入，孩子生活在一个快速发展的时代，知识更新速度也很快。对于父母来说，也应该跟上时代的步伐，更新自己的教育理念，不应该总觉得孩子不懂事，总认为孩子不按照自己老套的"教子方法"去执行，他有他独特的"世界密码"。对于父母来说，应该做的就是与时俱进、更新教育理念、及时了解孩子心理，同时总结经验教训，这才是当下社会合理的家庭教育观念。

　　良好的家教，会影响孩子一生。父母要注意，家庭教育应该多丰富孩子的精神世界，让孩子的内心变得独立和强大，学会做人，这是培养健康人格的必要前提。

二、 父母"每天"都要努力

孩子有时是父母的一面镜子，父母每天是如何努力体察孩子内心的，又是如何规划合理的教育方法的，都决定着孩子会成为什么样的人。教育界有这样一句话，"没有时间教育孩子，就是没有时间做人"。父母每天要花时间用心去做教育的功课，认识自己、认识孩子，完善自身、提高孩子素质，这是一项细微却长久的功课。父母用心和孩子一起成长就会有意想不到的成果。

每天都要营造良好的家庭氛围

"随风潜入夜，润物细无声"，家长应该意识到，孩子在形成自己的认知之前，首先就是向父母学习，"照猫画虎"一样地主动接受影响，包括好的品质和坏的品质。所以要想教育好自己的孩子，首先要保证自己是合格的父母，营造健康的家庭氛围，对于孩子的成长至关重要。

有这么一个事例：

慧慧的妈妈经常在饭桌上说："真是累死了，每天都给这么多任务，领导真是没人性，怎能让我们受得了？"爸爸有时候也会抱怨说："我们公司的体制分明是有问题的，领导却坐视不管。"谁都没有注意到慧慧一个人在默默地低头吃饭，待吃过饭之后，她想看会儿动画片，父母就说："看什么看，成天就是看，我们累死累活地为了谁呀？快写完作业去睡觉！"有的时候，父母还会当着慧慧的面吵架，他心里不痛快的时候还会训斥慧慧几句。每当遇到父母冷战，饭桌上都是一片寂静，甚至连往日的抱怨都没有了。在这样的家庭环境里，慧慧渐渐变成了一个内向、自卑的小女孩，对生活提不起兴趣，有一回她甚至在日记本里写道："活着真是没意思。"

孩子的世界十分单纯，在无法分辨利害的时候，父母的言行对于他来说就是最直接的影响。慧慧的父母没有考虑过孩子的感受，一味地抱怨生活，只顾自己情绪的肆意发泄，而对孩子幼小的心灵却造成了如此消极的影响。这些错误的引导和无意识的呈现，本身就是错误的教育范本。父母的不自知是最可怕的，孩子在生活中看不到父母相亲相爱，就无法获得战胜困难的信心，反而会产生自卑情绪。对于孩子幼小的心灵来说是很大的伤害。

爱孩子的最高境界，就是给孩子营造一个相亲相爱、健康和谐的良好氛围，留下父母积极努力、互相促进的快乐时光，同时留下热爱工作、热爱生活的幸福瞬间。

每天都要与孩子沟通

在跟孩子相处的一天中，要时刻体察孩子的心理活动，以及行为动作所表达的意思。那么，最重要的就是沟通，可以说饭桌是十分重要的教育重地，用智慧和梦想引导孩子，不要给他呈现社会的消极因素，更不要遏制孩子的话语权，不要把自己的意愿强加给孩子，让孩子发出自己的声音是沟通的前提。

要想与孩子进行良好的沟通，首先应该将孩子看做是朋友，而不是用家长的威严去管制。因此，在孩子跟你讲发生在他身边的事情时，你要学会倾听，满足他享受自己作为一个"演讲者"的小小的"虚荣心"，同时也可以把自己在这个年龄阶段的一些相关事情像朋友一样地拿出来与孩子分享。

沟通的时候应保持平等，不应是居高临下的语气，例如想让孩子帮忙给你倒杯水的时候，应该礼貌地说："孩子，可以给妈妈倒杯水过来吗？谢谢宝贝儿。"这样孩子就会有一种受到尊重的感觉，同时会满怀感恩之心，在孩子倒完水之后如果再加上一句"孩子真乖"的话来作为奖励，那么这样的语言就是一种积极的、带有鼓励性质的"平等式语言"，会给孩子带来愉快的心情。

每天都要学习"现代家教法则"

所谓现代家教法则，也就是符合现代不断更新的教育理念的法则。对于父母来说，每天学习一点儿童心理学，学习一点家教法则，是现代家长教育孩子的必备良方。好父母是需要学习的，在学习的过程中理解孩子，寻找更适合孩子的教育方法。

多元化的社会，物质极其丰富，再加上独生子女的出现，家庭对于孩子的关注从原来的担心温饱变成更多地担心孩子的未来。

在这种变化之下，家庭教育也从以前的"多子女家庭教育"转成"独生子女家庭教育"，这种不同，改变的不仅仅是家长的心态，更是对孩子教育理念的认识。孩子在这样的家庭环境中，也不再像以前一样把能为家庭出力作为一种荣耀，而是更多地关注自己，对于个人主义和孤独的感受也极其强烈。

所以说，现代家庭不再需要"填鸭式"的教育方式，而是对症下药。这个"症"就是孩子的心理和性格，每个孩子都有不同的性格，父母要做的就是了解现代社会环境之下孩子所受到的正面或负面的影响。同时，现代家庭也不再需要那种时时刻刻强调"家长权威"的保守观念，而是走向更现代化、更平等、更互相尊重的道路。

父母应该了解一些"现代家教法则"，对于孩子内心的认知，是了解更是学习。下面是一些简单的现代家教指南，我们可以一起来学习：

现代家庭父母对孩子的影响更大。

现代家教更提倡素质教育和智力教育两手抓。

独生子女背不起父母太多的愿望。

孩子内心普遍渴望与父母沟通。

现代家庭的孩子不是温室花朵。

有时孩子的拒绝恰好是为了获得。

从与孩子的聊天中，了解孩子的内心。

了解孩子对当下时事的看法。

多了解了解儿童心理学。

每天都要反省自身教育中的问题

家长并不代表权威，不代表在孩子面前任何决定和做法都是正确的。为人父母，也应该反省自身，孩子不好一定有父母的原因，家长要学会自我修正，不断充实和完善自己。

　　孩子还很小的时候，在家会把父母的行为举止作为模仿的对象，但随着年龄不断增长，开始接受学校教育，慢慢会形成自己的认知和辨识能力，就会有自己的取舍，对于父母的言行就不是完全地"照抄"了。有的时候孩子甚至还会指出我们为人父母的不恰当之处。这个时候该是我们向孩子学习了。

　　有一项调查显示，孩子出现逆反心理的原因，是因为看到父母做出与他的认知和学校教育完全不同的行为，而且这也是父母与孩子沟通出现的最大障碍。例如，调查中一个孩子说，有次他考试回家，吃饭的时候跟父母说有一道题不会做，就放下没写，但是其他同学都作弊抄上了。这时他的父母就说，你傻呀，别人抄你不会也抄吗？要想获得好成绩有时候就得投机取巧。这个孩子心里就开始犯嘀咕，不是说做人要诚实吗，爸爸妈妈怎么会这么说？

　　在这种情况下，孩子很可能会产生逆反心理，因为他发现父母的生活态度消极、不健康，他的想法也不总是对的，所以孩子的认知就很可能混乱并且受到这些不良因素的影响。例如，家长明明在家，却让孩子撒谎对外人说"就说我不在"，而童言无忌的孩子就会闹出"爸爸说他不在"这样的笑话。如果父母在孩子面前做到诚实守信、积极乐观，那么孩子的生活态度一定也是健康的。所以，这种情况的出现，就需要我们做家长的能经常反省自身，看看自己是不是在孩子面前做了什么不好的事情，说了什么不适当的话。当然，最重要的是及时向孩子道歉，对孩子来说长辈的一句"对不起"胜过一遍又一遍的说教。如果父母能够放低姿态，与孩子朋友一样相处，知错并改，孩子一定会接受并亲近你的。

　　做父母的更要"活到老，学到老"，在检讨和自省中与孩子共同成长，每一个爸爸妈妈都是在与孩子的交流和沟通中慢慢摸索出"教育捷径"的。

金玉良言

　　现代家庭中，教育观念的更新要落实在对孩子的教育态度上。父母也应该根据孩子不同阶段的表现调整教育态度和方法，别墨守成规。父母每天进步一点点，便可成就孩子一点点。

三、 孩子的眼睛你有吗

父母生下了孩子，一定要记住，孩子能用自己的眼睛看到五颜六色的花朵，能听到树叶沙沙作响、蜜蜂嗡嗡的声音。成人的世界经常是模式化的，眼光和视角也经常是固定化的，很少用孩子的眼睛再去看看这个多彩的、丰富的世界。所以父母经常会用自己的思维去衡量孩子，甚至就这样在无意间打压了孩子的积极性，用自己的思维模式限制了孩子的兴趣点。

教育孩子的基础是平等交流，而所谓平等的基础是了解。若想了解，只有先进入孩子的世界，进入这个小小世界的方法之一，就是让自己用孩子的眼光和视角看待这个世界，抛开成见，站在这个"小人儿"的立场去思考。

有一个故事，可以带给我们为人父母的一点启发，希望我们都可以从中有所收获。

有一个小孩子，有一点轻微的自闭症，整天什么话都不说，就穿一身黑色的雨衣举着一把花雨伞蹲在家里的屋檐下一动不动。父母拿他一点办法都没有，说让他回家去他也很听话，默默地回去，但是一有机会又会打着花雨伞蹲在屋檐下，谁也不搭理。父母尝试各种办法，买很多玩具、好吃的来吸引他的注意力，想让他回到屋里，但是仍然没有用。小孩的父母也很苦恼，没有办法就请了一个心理学方面的专家来到家里，心理学家看到这种状况之后什么都没说，只是也穿一件雨衣，打着一把雨伞跟他蹲在一起，而且什么话也不说，就蹲在他的旁边，看他在看什么，猜他在想什么。终于这样过了一个星期，那个小孩儿凑过来跟这个心理学家说话了，轻轻地问他，你也是看蘑菇吗？心理学家终于明白，原来这个孩子每天蹲在屋檐下看树周围的那些野蘑菇有什么变化，一直在用心和那些蘑菇说话。

父母为什么没有办法了解孩子心里在想什么？就是因为父母不能体会孩子的世界，而且拒绝用孩子的方式去了解，只是一味地用外在的东西（如好吃的、好玩的）去诱惑孩子打开心扉，这是不明智的。每个孩子都有自己的视角和想法，父母不应该用成人的思维去要求孩子，对待孩子每一个天真的"为什么"，父母都应该静下心好好体会，用孩子的语言、用孩子的思维去仔细解答，这是对孩童世界的尊敬，更是对孩子认知的正确引导。

生活中孩子爱问一些天真无邪的问题，例如像"向日葵为什么老朝着太阳"或者"我是从哪里来的"这样的问题，很多父母在面对孩子这样的疑惑时，要么是不耐烦，会说"哪有这么多为什么"，要么是自己不知道该如何回答，就胡乱敷衍过去。这样的父母从来没有真正地站在孩子的角度，没有用孩子的思维去做出一个美丽的解释，哪怕是温柔地问一句："孩子，你觉得呢"？从而在孩子无法领悟的时候慢慢引导，或者在自己也不知道的情况下，鼓励孩子自己去寻找问题的答案，激发他寻求解答的兴趣，或者也可以给孩子说"妈妈得先想一想怎么跟你这个小家伙儿解释"，继而在自己进行思考之后给出孩子一个可以理解的答案，当然用孩子的语言和孩子的语气，这是孩子的世界里可以接受的东西。

所以说，了解一个人的前提就是尽可能地成为他。对于父母来说尤其如此，面对孩子要用孩子的视角，要尽量成为孩子，用孩子的思维去思考。这样孩子才能把父母当朋友，让你进入他的世界。父母进入孩子的内心世界有多深，就会有多少意想不到的收获。

现在的社会，很多父母并不懂孩子，经常拿一些严苛的条件来要求孩子，自己却不努力进入孩子的内心了解孩子想要的究竟是什么。父母这一方不明事理地施加，孩子那一方就一定会产生想要反抗的逆反心理。这时的父母却还觉得孩子不理解自己的苦心，心生惆怅。在父母看来，"我这么做都是为你好啊"，但是孩子却不这样认为。所以，父母如果用孩子的思维去理解他，丢掉成人的陈规，和孩子一起成长，就一定能够进入孩子的内心世界。

好父母对孩子的要求从来都不是"我要你怎么做"，而是问孩子"你想要怎么做"。用孩子的眼睛看这个世界，而不是用老套陈规去框定，这才是有智慧的父母应该努力做到的。

有这样一个事例：

曾经有一个调查团队，随机采访过100个小朋友，问他每天早上出门会看到什么。大部分孩子的回答和父母的回答大相径庭。父母经常在带孩子出门的时候会用孩子的口气给他说，你看天空多蓝，太阳多好看，树上的鸟儿也睡醒了，诸如此类的话。但是对于孩子的调查显示，他对于那么高、那么远、那么宏观的东西没有太多兴趣，因为他身高就那么高，关注的多是脚下的、大地上的东西，调查中的大部分孩子说他在出门的时候会看路上的蚂蚁、爬行的昆虫，水面上的鸭子，地上的影子、脚印，地板的花纹等，他注意脚下太多的东西，没有时间去抬头看那么远、那么高的东西。所以很多时候，都是父母将自己的视角强加在孩子身上，在父母看来很喜欢的东西，孩子不一定感兴趣。

也就是说，要想知道孩子的心理，就应该弯下腰，用孩子的视角去看这个世界，知道他想什么，而不是你给什么，只有这样才能更好地接近真实，接近孩子的领域，从而给予孩子在这个世界上最舒服、最用心、最温暖、令孩子最快乐的关怀。

这个世界对孩子来说，有着无穷的乐趣和未知，而这些未知影响着孩子看社会的角度，所以父母应该弯下腰来倾听和观察，在孩子的世界里去解答未知，才能与孩子共同成长。

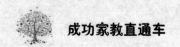

四、 身教大于言传

父母要善于创造家庭生活中宝贵的财富，即相互爱恋，这也就是说要在家庭中创造有利于教育子女的气氛。在一个家庭里，只有父母自己教育自己时，孩子才能产生自我教育。没有父母的光辉榜样，一切关于儿童进行自我教育的话题都将变成空谈；没有父母的榜样，没有父母在相互关心和尊敬中所表现出来的爱的光和热，儿童的自我教育简直是不可想象的。

盼望孩子成龙成凤的愿望几乎每个家长都有，但是孩子心里并没有明确的标准和方向，只有父母像一面镜子一样，时刻能够模仿和参照，而这样下来，父母的行为很可能影响孩子一生。成龙成凤不是那么容易的事情，而成为像父母一样的人却轻而易举。

法国社会学家塔尔德说，"社会就是模仿"。更何况在一个家庭中，模仿的力量对于社会认知尚且不够成熟的孩童来说，有着多么大的作用。所以说，家庭教育是培养和完善孩子健康人格的关键。父母做到言传身教，需要的是恰到好处的语言和以身作则的行为。

父母之间要互相关爱

榜样的力量是无穷的，父母应该深知其言行在孩子成长中所起的作用。所以，在一个健康的家庭中，父母之间互尊互爱是孩子看在眼里、学在身上的正能量。如果家庭中父母经常争吵、谩骂甚至打闹，在这样的环境下成长的孩子就会时时刻刻处于一种紧张焦虑、厌恶甚至仇恨的状态中，这样又怎么能要求孩子积极乐观、健康向上呢？

试想一下，父母回到家中，营造的是一种温馨和谐的环境，在孩子的眼里，爸爸妈妈十分恩爱，互相关心体贴，爸爸经常给妈妈捶背揉肩，而妈妈经常跟爸爸说："亲爱的，你今天上班辛苦了。"即使当着孩子的面也不掩饰自己的关爱，在餐桌上给孩子夹菜的时候，也不会忘了给自己的爱人夹，同时言谈举止温文尔雅，说话也多是商量而不是暴力相向。出门的时候也会互相叮嘱，经常拥抱孩子，拥抱爱人。可以说，这样的家庭给了孩子心灵得以健康成长的优良土壤。父母无言的行为就这样在无形中有力地传达出做人的真谛。

　　当然父母之间的关爱也应该渗透到社会中，这样孩子的关爱也就不仅仅只限于父母，而是更好地学会爱父母、爱他人、爱社会，这样的关爱才是孩子应该学会的。

　　我们看看下面事例中的父母是怎么做的：

　　小光的父母都是高级知识分子，他们十分清楚父母的言行在孩子成长中的作用，所以他们一直身体力行，用正面的形象和教育原则来教育孩子。他们孝顺长辈、关心朋友，同时与邻里之间关系融洽，经常会一起聚会聊天，互相解决难题，在小光面前也从来不议论别人的长短，同时让小光也对亲朋好友表达自己的关爱。在有重要节日的时候，他们会让小光参与进来发表意见看给老人买什么样的礼物。在遇到困难的陌生人面前，父母也会给予帮助。在这样的家庭环境下成长的小光从小就知道想着别人，尤其是自己的长辈。小光的父母看到孩子把自己的压岁钱攒下来，分成了好几份，一边分一边还与他说，奶奶腰老疼，这个给奶奶买按摩椅，这部分给爸爸妈妈，这部分给爷爷，还有这部分给需要帮助的人。虽然那点钱买不了什么东西，但是小光的父母看到孩子这么懂事，这么知道关心别人，并且能与别人分享，都十分感动并且欣慰。

　　夫妻两个人如果不能够互相关爱，那么孩子就不会感觉到被爱。父母吵架的时候，有时孩子还会责备自己，一定是自己不够好他才会吵架。所以说，有时父母的和谐相处、相互关爱才能让孩子感受到父母是真的爱自己。有一句话说得十分准确：学会当好父母之前，先要学会当好夫妻。

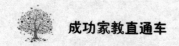

父母要说话算话

父母有的时候经常在孩子面前树立威信，教育学家也承认，威信有时是必要的，但是要合理，要以与孩子的平等对话为前提。有些父母在生活中，一味地树立自己的权威，对孩子施加威严，但是自己做得却很糟糕，在孩子眼里，这点所谓的威信就慢慢消失殆尽了。

例如，很多父母说话不算数，就会对孩子幼小的心灵造成伤害。经常见小朋友抱怨，"我爸说话不算数，说好了做完作业带我去公园的，可是做完了又说没时间去。"这样的例子在我们看来稀松平常，而父母也可能会说，都快要考试了，我这也是为他好，抓紧时间学习总好过去玩浪费时间。父母这是盲目地决定孩子该快乐、该放松的权利，"为孩子好"却不按照孩子的天性去引导和发展，一味地树立威信却失信于孩子，这是父母做得十分不明智的地方。

因此，要想取信于孩子，要想跟孩子像朋友一样去交流，首先就要把孩子当做朋友一样去尊重，要说话算话，答应孩子的一定要做到，这样才是合格的父母，这样树立起来的威信才能够受到孩子的尊重。一次又一次地失去孩子的信任，也就失去了自己在孩子心中的威信。那么父母就应该反省自身，不能一味地抱怨："孩子怎么这么不听话，我的良苦用心他怎么不理解？怎么老是跟我对着干？"家长一旦说话不算数，时间长了，孩子必然会出现一些逆反的心理，这是一种正常的现象，所以父母应该时刻反省自己，若想重新获得孩子的信任，首先就要做一个说话算数的人。家长威信得以树立的基础就是注重自己的言行，从言传身教的各个细节来规范自己，才能树立威信。

父母如果一次次地说话不算数，这样的言行会在孩子心中形成十分不好的影响，而且孩子也很可能学着父母一样说话不负责任，他会觉得原来答应的事情可以不用去办，继而慢慢养成轻率的坏习惯，长大以后也会因为"失信"而失去亲朋好友对他的信任。

说话算数、说到做到的家长，会使孩子重视他说过的每一句话，而且也会在父母良好的影响下使自己的行为更优秀，获得父母认可，同时从小就养成"有令必行"的好习惯。

当然，孩子有时的要求不一定全都是像"逛公园"一样简单和符合实际，做父母的一定不要随意敷衍，对于自己无法兑现的，一定不要答应，应该耐心地与孩子一起研究可行的办法再做决定。对于父母来说，重要的是不要轻易许诺，不要为了达到自己眼前的目的就随便答应孩子的要求。当孩子提出要求时，父母要想一想这样的要求是否合理、能不能兑现。只有是合理的、能够兑现的要求，才能承诺孩子，然后去兑现。

让孩子深入生活

　　家庭教育对父母来说，首先是自我教育。在当前物质生活十分丰富的形势下，很多家庭都是独生子女，多是爸妈的心头肉，父母在教育过程中宁可自己吃亏也不愿怠慢自己的子女，任何苦头都不舍得让孩子吃，把所有好的、现成的都尽可能地往孩子面前推。长此以往，社会上便多出来很多"衣来伸手饭来张口"的孩子和因孩子的这种情况而苦恼的父母。

　　父母一方面想让孩子成为一个独立、坚强的人，同时又做着阻止他成为这一类人的事情，这样的问题是普遍存在的，需要我们去深思。很多父母都认为生活的艰辛让我们体尝就够了，孩子还小，不懂这些，也承受不了。这就错了。因为孩子必须在深入生活的时候才能够理解父母的辛苦，父母一味地说自己有多苦多累，对体会不到的孩子来说没有这样的概念和印象，所以根本不会理解。而身教大于言传，父母应该把孩子当做一个大人一样带入生活去体验真实的情况，而不是总把孩子用厚重的保护膜包裹起来，却又要求他瞬间长大。

　　当父母将孩子当做大人一样带入生活，孩子也会觉得自己受到了尊重，爸爸妈妈把自己当大人看待了，他也会由此生出一种成就感，更加体会到父母的感受。做父母的有时候就是太小看孩子了，但是大部分孩子在经历过父母每天劳顿的生活之后都会看在眼里，有十分明显的进步。所以说，父母要想孩子获得独立的品格，首先就得戒掉娇惯，让孩子深入生活，在生活中进行身体力行的教育。

　　父母生活中有什么样的喜怒哀乐，也应该跟孩子分享，让孩子去体会和承担一些生活中的酸甜苦辣。我们总提倡与孩子建立一种朋友关系、平等关系，那么就应该让孩子深入生活去了解和体会，而不是在孩子面前保持镇定，生怕自己的情绪会给孩子造成什么不好的影响。要知道苦难和挫折才能练就一个人，孩子只有设身处地地去触摸才会了解真实的生活，才会实现父母期望中的成长目标。所以父母在孩子面前，有的时候不用刻意地隐瞒，让孩子参与进来，了解生活的不易，放手让孩子去干一些力所能及的事情，在行动中获得进步。

看看我们从下面的事例中能获得什么样的启示吧：

小建刚上小学的时候，妈妈每天都很费劲地将他从被窝里拉出来，因为要送他去上学，自己也要去上班，所以时间很紧。但是小建刚开始很不情愿起床，总是又哭又闹。有一天妈妈就对他发泄了一通，将自己的情绪、工作生活的不顺全都告诉了他，说："谁都想睡懒觉，但是生活不允许，妈妈得去上班，得挣钱才能让你有学可上。"发泄完之后，她刚开始还有点后悔，觉得吓着孩子了，但是小建从那天之后就开始很懂得体谅家人，早上起床也没有那么费劲了。有时候她加班回来，孩子也会很懂事地帮忙拿拖鞋。现在妈妈经常会把生活中的艰辛讲给他听，甚至跟他一起商量，问他如果遇到这种问题该怎么办，同时也告诉孩子遇到特殊情况之后的一些应对方法，教他做力所能及的事情，让他自己动手去解决生活上的一些难题。这样的方法是很有成效的。现在当小建的爸爸妈妈累了一天回到家，吃饭的时候小建会帮忙盛饭、放置碗筷，餐后会将碗盆收到厨房，睡懒觉的毛病更是彻底改掉了。

所以说，家长有时候得反省自己，得不断地进行总结，进行自我教育，看看孩子在什么样的激励和挫折之下才能成长。因此家长不要刻意去掩盖生活的真实情况，要让孩子伸出手去触摸，让孩子学会分担和理解生活的不容易，这样才能够学会懂得珍惜现在的生活，才会在力所能及的行为中学会关心和爱。

金玉良言

行动的力量永远胜过语言，对于孩子也是如此，父母的一万句说教比不上身体力行的实践，要相信榜样的力量是无穷的。

第二章
孩子心里在想什么

　　家长应当深入了解孩子的内心世界。只有在家庭教育中不断地研究孩子的心理，积累自己的心理学常识，才能够成为合格的家长。尽可能深入地了解每个孩子的精神世界——这是家长的首条金科玉律。

　　孩子心里在想什么，是很多父母一直想知道的，但是因为成人的世界观与孩子的世界观是不一样的，用成人自己的世界观来衡量儿童的世界，总是会有误读，所以读懂孩子心里在想什么，同时要注意不要用成人的眼光去看待孩子，是十分必要的。为人父母要读懂孩子的内心世界，还要结合时代变迁下孩子的生活境况，这是需要父母进行学习的。

一、"妈妈，再跟我玩一会儿"

爱玩是孩子的天性，在孩子的世界里需要同伴，尤其是现在的孩子，他在家是独生子女，没有朋友，父母有时工作忙没有时间陪伴，他的孩童时光比起以前的同龄人似乎更多了许多孤独。所以，父母应该明白，朋友在孩子的世界里所占有的重要地位。他希望能交到好朋友，能有好朋友跟他一起玩。

有这样一个小女孩，她的经历也许会发生在每个小孩身上：

欢欢在家的时候，父母总是很忙，没有时间管她，她总是一个人玩。但是到了学校之后，她有一个好朋友，可以跟她一块玩，所以她总盼望着回学校去，而且去学校的时候总是从家里带一些好吃的给她的好朋友，生怕好朋友会因为什么原因不再跟她玩了。她总是希望朋友能够跟她一块荡秋千，一块说悄悄话，一块手拉手上厕所，最怕从朋友口中听到，"我不跟你玩了。"她内心对于同伴的渴望十分强烈。她渴望分享、渴望倾诉，父母应该了解的这些儿童心理，却被父母忽视了。其实父母如果能够了解孩子的心理，做孩子的知心朋友，也许当下的儿童就不会那么孤单了。有教育学家分析当下儿童的心理成分，认为他最缺少的就是知心朋友，最渴望和最需要的也是朋友。没有朋友的童年是不幸的，这一代孩子交友的欲望比以往任何时候都要强烈。

其实是孩子最想要交到的知心朋友是父母。他不仅需要同龄人，更需要爸爸妈妈这样的大朋友能够理解他，给予他同样的宽容。

有这样一个故事，有一个小孩在家得不到父母的理解，在学校也没有什么朋友，但是他的班上有一个"孩子王"，所有的小朋友都希望能成为他的朋友，这个"孩子王"也利用自己的优势决定他第一跟谁好、第二跟谁好，或者不跟谁好。这个小孩目前还够不上"孩子王"的朋友，但是他听说这个"孩子王"喜欢打篮球，就回家哭着嚷着让父母给他买篮球，父母问他为什么忽然想买篮球，他也不说，父母无奈就给他买了一个篮球。他高兴地拿到学校给那个"孩子王"玩，最然后终于成了他朋友中的一个。

父母的忽视对于孩子的心理所造成的影响是潜移默化的，并且是不容易被察觉的。一个孩子需要借助这样的方式来获得朋友，获得同伴，他宁愿拿出自己所能拥有的一切来换取一个朋友，可见当下孩子孤独感的严重，这也是父母应该反省的，父母在家要做孩子最好的朋友，才能走进和了解孩子的内心。也只有当父母能够成为孩子的合格的朋友的时候，孩子才能与同伴在一起的时候敞开心扉，互相关怀，才能获得真正的友谊，而不是需要交换才能获得一个朋友。

这个时代的孩子比以往更孤独，更需要沟通、需要朋友，父母是否敞开心扉对于理解孩子内心至关重要，当父母真正地与孩子像同龄人一样相处时，才能读懂他孤独的心声。

二、"爸爸妈妈，你们快看我"

孩子希望父母做自己的知心朋友，也就是希望父母关注自己，理解自己的喜怒哀乐，不要总是忙工作，而是把目光投向自己的世界。这是孩子普遍的心理。不理解孩子心理的父母，将孩子的心情搁置到一旁不管不顾，久而久之，会越来越不懂孩子心里到底在想什么。这也就造成了当下很多父母的困惑："我每天这么劳累，都是为了孩子，可是他怎么就不理解我，还总是跟我的要求和期望不一样呢？"那么父母是否应该反省，当孩子渴望父母关注的时候，你在忙什么？你是否问过自己有多久没有耐心地听孩子说话了？

成人的世界都是墨守成规的，于是有时父母会把过多的期望强加在孩子身上，希望孩子能够像木偶一样听话，可以随着自己的期望来安排。殊不知这是对孩子天性极大地扼杀，也是对孩子心理极大地忽略，这样会忽略孩子单纯的只是想让父母关注自己的愿望。

很多时候，父母也能明白孩子的心理，孩子千方百计地做各种事情，就是想引起父母注意，获得父母的关注，希望父母能和自己聊天，听自己的故事。但是，很多父母仅有这样的一个意识，只是粗浅地觉得孩子有这样一个单纯的期望，可是却在行动上做不到，尤其是现在快节奏的生活，父母每天忙于自己的工作，本来跟孩子待在一起的时间就少，沟通的机会也少，自己的各种事情都排在孩子前面，所以更没有时间跟孩子一起读书、谈心，也没有时间耐心听孩子讲述自己的心声和感受。很多家长好不容易跟孩子待在一起的时候，又可能表现出一种疲于应付、心不在焉的状态，更是不能理解孩子。孩子对于这样的不理解是十分敏感的，父母的三心二意和不耐心，很多时候会伤害到孩子，孩子会觉得渴求父母关注的愿望受了挫，从而无形中就拉开了与父母之间的距离。

我们看看下面的事例，希望父母能够从中有所收获：

晓晓的爸爸妈妈都是普通的办公室白领，平时工作很忙，有时还要加班，因为他两个都是刚进入一个新的工作领域，这样的机会来之不易，所以他都想好好干争取更好的表现。这样一来，就都没有时间管晓晓，所以夫妻俩商量后就把晓晓放进了幼儿园全托，每周只接回家一次。有一次晓晓见到妈妈之后，跟她说："妈妈，你跟爸爸都那么忙，我知道你们都没办法陪我，但能不能让我转到可以每天回家的幼儿园，这样可以跟你们多待点时间。"但是妈妈没能满足孩子的要求，因为她跟她爱人出差时间不定，每天回家的话，没有办法保证对晓晓的照顾。这样晓晓每周一次回家的时候，总是跟妈妈说，妈妈我们一起聊聊天吧。孩子总是兴致勃勃地给她讲她幼儿园的事情，不管妈妈爱不爱听。有的时候晓晓妈妈放不下手头的事情，边忙碌边听，眼睛还左顾右盼，根本没有用心关注晓晓，这样时间长了之后，晓晓表达的兴趣也就减少了，原来表达清晰的晓晓现在也变得有点不自信，说话缓慢不清楚。当妈妈发现孩子的变化后，终于意识到孩子需要的是父母的倾听和关注，孩子需要父母把孩子放在焦点的位置上进行关照，孩子需要的是一个听众，所以妈妈不再觉得关注孩子的说话是浪费自己的时间了，而是耐心地倾听，时不时地针对晓晓说的话问她问题，以引起孩子浓厚的表达欲望，让孩子享受到"做焦点的感觉"。这样一来，晓晓的父母从晓晓那里了解了奇妙的儿童世界，让孩子在与父母的平等交流中体会到受人尊重的感觉。

智慧聪明的父母知道如何理解自己的孩子，在明白了孩子渴求父母关注的心理之后，会表现出非凡的耐心和倾听的欲望，在一心一意的态度中表明自己对孩子的关注和认可，同时敞开心扉了解孩子内心的感受，进而拉近与孩子之间的距离。

父母如果在与孩子的交流中发现孩子不爱说话，或说话紧张，甚至听你说话的时候漫不经心，这种情况下应该反省，是不是因为没有耐心听孩子说话，或者没有关注孩子的行为才导致这些现象发生。这时应该及时改正，回到孩子的身边去，发自内心地关注孩子。

父母的关注会让孩子从小学会以平等和尊重的心态与人建立联系，会使孩子觉得自己很重要，有利于孩子学会独立思考。所以关注孩子可以让孩子树立自信，使得孩子在认识世界的时候保有一颗健康积极的心。那么对于父母来说，应该怎么做才能让孩子觉得自己受到关注了呢？我们可以从以下几个方面进行努力：

1. 停下手头的事情，坐下来身体前倾，耐心倾听。

2. 倾听的时候与孩子平视，不要双手抱臂，不要拿东西挡在与孩子之间，这样容易有距离感。

3. 要有面部表情，随声应和孩子的表达，用眼睛来表达自己渴望听的兴趣。

4. 关心孩子感兴趣的事情，对孩子说的事情表现出一定的好奇心。

5. 话语传达。例如父母在关注孩子的时候可以问一些引发孩子表达欲望的问题，像"真的吗"、"然后呢，接着怎么样了"、"哇，真的想不到啊"等话语来给孩子传达出自己的专注态度。

父母友善的目光、专注的表情是对孩子莫大的鼓舞，也是早期教育中必不可少的感化性细节。父母在与孩子的交流中也许会发现，孩子的话语充满了天真的孩子气，他最希望得到父母的关注。当然，在对孩子的关注中，最忌讳的就是在孩子表达自己的时候，父母漫不经心、一言不发，这样对孩子的忽略对其心理造成的消极影响是难以估量的，孩子很可能因此产生自卑心理，也有可能养成对什么事情都漠不关心的毛病。所以，父母一定要注意给自己的孩子更多一点认真的关注和重视。

早期教育的重要环节就是关注孩子，给予他应有的尊重，父母应该知道，孩子只有从小就有被人关照的感觉，才会在以后对世界的认知里拥有自尊、自信。

三、"妈妈，我怕……"

　　白居易有一句诗，"无论海角与天涯，大抵心安即是家"。也就是说，可以让人感到心安的地方，觉得有安全感和归宿感的地方就可以称为家了。这句诗也间接地告诉了我们家是什么，家是那个在外面受到伤害之后最想念的地方，也是那个无论我们在天涯还是海角，都渴望回归的一个地方，因为家里有温暖和爱，有满满的温柔，它将困难排除在外，而将爱保存在内。

　　对孩子来说，家庭是一个最能依靠的地方，是避风港，是坚固的堡垒。在那里，有慈爱的爸爸，有温柔的妈妈，有爱和温暖，孩子在那里明白幸福的感觉，明白被人守护的快乐。孩子对于家的依恋，也正说明了孩子是渴望有人保护的，在家里希望得到爸爸妈妈的保护，而在外则理应受到法律、他者乃至整个社会的保护。

　　美国文学之父华盛顿·欧文曾说过一句话："让孩子感到家庭是世界上最幸福的地方，这是以往有涵养的大人明智的做法。"这种美妙的家庭情感，比大人送给孩子最精致的礼物还要珍贵。也就是说，孩子能够受到保护的前提，是父母努力经营好家庭关系，首先营造一个美好和善的家庭氛围，在乎孩子关注孩子内心，对其他家庭成员也关怀备至，这样才是保护孩子的最佳前提。试想一下，如果家庭环境一团糟，父母之间关系僵化，家庭处在一个风雨飘摇的状态，那么对于保护孩子的意识能有多重视？

　　孩子需要保护，尤其是在当下，保护孩子的意识更应该加强。我们无法忘记新疆克拉玛依大火中因为让领导先走而导致 288 个儿童丧失生命的事情，也无法忘记因为家庭矛盾而离家出走的孩子被拐卖的事件，无法忘记那些被虐待的儿童，无法忘记因为得不到家庭和社会适当的保护而受到人身侵犯的孩子。有数据显示，从 2008 年至 2011 年 4 月，全国检察机关共批准逮捕涉嫌拐卖、收买妇女儿童等犯罪案件就达 6159 件，涉及 12034 人。这些当下发生的事件都给我们敲响了警钟，如何保护好孩子成了当下家庭和社会最迫在眉睫的事情。

孩子是祖国的未来，对于一个家庭来说，保护好孩子不受侵犯是父母最应该做到的。很多孩子在家里没有安全感，就是因为父母总嫌弃自己不够优秀，从而打骂孩子，在孩子遇到挫折的时候还给予否定，这样就使得孩子害怕回家，从而增加了离家出走的概率，同时也让犯罪分子有机可乘。连孩子的安全都无法保障的家庭不是一个合格的家庭，而孩子也是最想得到保护的，他把家庭当做一个可以容纳过错和眼泪、成功和失败的地方，他渴望父慈母善，渴望宽容友好的家庭环境，希望父母别让孩子失望。

那么，对于一个家庭来说该如何保护好孩子呢？

当然对于男孩和女孩应该有不同的教育方法，以保证能让他在生活中学会自我保护，并且能让孩子在这些保护措施之下健康成长。

对于男孩子来说，父母应该培养他从小自立的习惯，"男孩要穷养"这句话也有一定的道理，也就是说男孩子不能娇生惯养、不能过度保护，应该从小培养孩子能担当的男子汉气概。当然做事情的时候应该讲实际、讲科学，自己力所不能及的事情不要贸然行动，要找大人帮忙，例如面对一些危险的事情像救火、制止打架和坏人行凶等情况，勇敢的同时机智和冷静也相当重要。对于小男孩，父母应该注重引导，在引导的前提下慢慢放手，让孩子学会自我保护，父母可以告诉孩子青春期的问题，让他意识到生理期的变化是正常的，让他觉得自己不再是个小孩子了。青春期的孩子希望自己能够自立，但是由于年龄和知识的限制，很多情况他又不知道该怎么做，这时就需要父母的开导和启发。

此外，对于男孩子的安全教育还应该从如下方面进行努力，保护孩子的同时加强孩子自我保护的意识。

1. 要让男孩子学会尊重别人，尤其是女性。尊重别人能使自己提升，使自己受到尊重，免于不必要的伤害。

2. 要注意观察孩子，随着色情、反动、丑恶的书刊和影片等的泛滥，威胁着青少年的思想和心理，父母应该进行良好的教育，防微杜渐。

3. 要正确面对男孩子的"性问题"，生理期的发育是很正常的，父母发现了孩子青春期的性冲动现象时，首先不要大惊小怪，以为孩子学坏了，应该给予正确的引导和教育。

4. 要给孩子讲解一些性知识，尤其是发生了一些令孩子苦恼的状况时，更应该爱护他，而不应该排斥。

那么对于女孩子来说，父母应该如何进行自我保护的教育呢？做父母的要细心观察，如果女儿有什么不对劲的，一定要耐心询问，不要大惊小怪，孩子遇到困难和挫折，重要的是解决问题、增长见识。

父母要跟女儿以朋友的身份进行交心，让女儿懂得，一个女人最重要的品格是自尊自重，在青春期里，对于女孩儿自尊自重的教育十分重要。

在当下社会里，少女性侵事件频繁发生，给孩子和父母的身心留下了巨大的阴影。我们不能忘记海南校长性侵学生的恶劣事件，以及各种少女被拐骗被迫卖淫的事件。这些案例的发生，很多都是因为父母教育的疏忽造成的，这些恶劣事件的层出不穷也给现代家庭教育情况敲响了警钟。那么对女孩的性教育也是一个保护孩子的迫切之法。因为在现实生活中，有些少女因为对性知识知之甚少，加之年龄偏小，当受到性侵犯的时候，不知道如何应对；还有的少女因为受不良信息影响，思想开放，自我保护意识不强，往往容易成为犯罪分子下手的对象。同时，我们的父母、学校和社会针对少女进行正面的性知识普及教育也相当不够，给有些犯罪分子留下了可乘之机。检察官通过办理的案件，提醒家长、学校和社会，对少女的青春期性教育和性保护不容忽视。所以，父母当下需要做的不是哀痛和自责，而是着手对孩子进行适当的保护，以及教会女孩提升自我保护的能力。

那么，父母怎么对女孩进行保护呢，怎么教育女孩树立一种自我防范和自我保护的意识呢？我们可以从以下几点做出尝试：

1. 不要给陌生人带路。
2. 不要受陌生人的诱惑，无论陌生人给你什么好处，都不要跟他走。
3. 不要把家门钥匙放在显眼的地方。
4. 放学回家的路上最好结伴而行。
5. 不要让男人碰你的身体。
6. 遇到坏人或拦截要学会自救，选择恰当的时候大声喊叫。

7. 路上发生的任何事情都要告诉家长，不要瞒着。

8. 有人追你，要往人多的地方跑。

9. 有人对你无理，不去招惹，但严重了要大声斥责，不必害怕。

10. 独自一个人在家时，锁好门，陌生人叫门不要开。

对于青春期的女孩来说，生理上的变化，加上心理上性意识开始萌发，她开始渴望受到异性的关注，渴望了解性方面的知识，并且对于感情开始有一种梦幻式想象，也会对异性有爱慕之心。这个时期的少女有时会有一些荒唐、不负责任的行为。父母在遇到这种情况的时候，不应该排斥和责骂，而应该用一种宽容的态度去包容，去帮她分析事件的严重性。这些案例的发生，很多都是因为父母教育的疏忽造成的，这些恶劣事件的层出不穷也给现代家庭教育敲响了警钟。用一种友好的态度让她认识到自己的轻率，并且吸取教训，以后不再犯。当孩子意识到事情严重性的时候，父母千万不要说类似"真丢脸"这样的话，这对孩子脆弱的内心来说是更大的伤害。父母的宽容和善导就是对孩子最大的保护。

父母对孩子性知识的普及对孩子认识情感、婚育知识至关重要，所以作为合格的现代父母不应该在孩子面前过分避讳这些性知识，反而应用通俗易懂的方式教导孩子。

新闻报道中说，每年中国有 20 万儿童失踪。这个数字令人震惊，儿童生活在如此危险的境地，父母更应该对儿童的安全负有重大的责任，因此在平日里对孩子的理解和保护，以及保护意识的教育就显得尤为重要。

金玉良言

怕孩子学坏，或者怕孩子被伤害是无济于事的，最重要的是保护的措施。父母要让孩子健康的身心受到保护，不仅自己要做努力，也要教给孩子自我保护的能力。

四、"爸爸妈妈，我做得好吗"

孩子刚开始认知世界的心灵很脆弱，可能因为妈妈的一句表扬就觉得自己是被认可的，也可能因为爸爸一句无意间的责怪而自我否定。所以孩子的这种细节和心理变化父母要清楚，站在孩子的角度给予孩子期待的肯定，对于孩子的成长来说是非常重要的。

有的时候，一句表扬带给孩子的巨大潜力是父母难以估量的，父母要相信孩子身上所拥有的巨大的潜在力量，只要能充分发挥这一力量，孩子就会成为优秀的孩子。

有这么一个事例，让我们看看朵朵的妈妈是怎么做的：

朵朵的学校进行了一项测试，测试儿童的大脑智力，朵朵的测试结果是右脑发达，左脑发育水平低。老师告诉她，逻辑思维能力差，数学概念问题多，而理解力不错，所以说你的语文成绩好过数学成绩。朵朵回家之后告诉了妈妈，有点失望地说："看来我的数学是学不好了。"妈妈听完之后表现出一副惊讶的表情，不相信似地对朵朵说，妈妈有空去问问老师。妈妈果真去了学校，听老师说完又跟老师协商了之后，她回到家对朵朵说："宝贝，告诉你一个好消息，我去找你们老师了，结果她说她搞错了，你是左脑比右脑发达，也就是说语文能学好，而数学学起来比语文还要简单，我们朵朵真厉害。"朵朵一听兴奋极了，不敢相信似的说："是真的吗？老师真这么说的吗？"朵朵在得到表扬之后，真的努力把数学学好了。

当然表扬也需要艺术，父母要注意表扬的语气和真诚度，不要把表扬流于形式或敷衍，否则很可能起到南辕北辙的负面效果。心理学家研究，表扬通常分为三种类型：第一种就是常见的个人化的表扬，对孩子个人能力做出整体化的判断，例如"孩子你真棒"、"真能干，加油"等；第二种就是在孩子行为的过程中进行表扬，肯定孩子所做的努力，例如"宝贝你真刻苦"、"孩子真用心"等；第三种是对孩子行为的结果认同，肯定孩子的成绩，例如"哇，宝贝你考试又有进步了，真替你高兴"等。这些不同的表扬方式有时候会有不同的效果，父母在表扬孩子的时候不能滥用，要分场合地使用，而且要发自真心地进行认可，否则孩子很可能会产生自满、骄傲等负面情绪，也有可能在遇到挫折的时候自暴自弃。

一般情况下，父母表扬孩子的时候最好都在过程中，也就是说第二种表扬方式，因为这样的表扬让孩子意识到这个行为本身的努力并不等于对自己能力的全面肯定或否定，而肯定的是自己的努力程度和运用的方法，哪怕失败了也不会觉得有挫败感，而是会总结教训，这样会让孩子在行为中直面困难，勇于克服，而不是以成败论英雄。

那么父母如何表扬孩子才会有积极的成效、才能让孩子感受到力量呢？

1．首先不要吝啬你的表扬。孩子拿着一个也许幼稚的东西去给你看，目的就是想听到表扬，这个时候父母一定不要用成人的眼光去衡量这个东西，而是给予孩子真诚的肯定。

2．表扬要及时。父母有时意识到自己可能怠慢了孩子，对于孩子已经过去的事情进行表扬和鼓励，这时孩子可能会弄不清楚为什么，效果就不明显，更甚者会觉得父母敷衍自己，不够真诚。

3．最好不要做整体性表扬，而是从细节上越具体越好。一些泛泛的表扬如"你真聪明"、"你真棒"，虽然暂时能提高孩子的自信心，但孩子不明白自己好在哪里，为什么受表扬，且容易养成骄傲、听不得半点批评的坏习惯。如你可以说，"宝贝今天做作业可真用心，妈妈好高兴。"

4．表扬不要光看结果，要肯定过程。有时孩子为了在父母面前表现自己，经常会做一些事情来证明自己，但是因为各种原因，可能做得不够好，这时父母不要只看到结果，而要肯定孩子在努力想做好的过程，因此，只要孩子是"好心"就要表扬，再帮他分析造成"坏事"的原因，并告诉他如何改进，这样就会收到较好的效果。

5．表扬要真心、直接。父母有的时候忙，顾不上孩子，对于孩子所做的事情常常忽略，随口给孩子一个漫不经心的表扬，这对孩子来说都是肤浅的、勉强的，孩子是可以感受到的，而且父母表扬孩子不要拐弯抹角，孩子需要父母准确地认可自己。

当然，随着孩子年龄的增长，表扬的形式也要产生相应的改变。例如"这回考试考得不错，带你去公园玩"的形式不再适合大一点的孩子了，因为他大可以自己做决定。所以说，表扬孩子可以慢慢由物质奖励为主过渡到诸如口头表扬、赞许、点头、微笑等以精神奖励为主。

所以说，父母应该非常注意表扬的技巧和态度，只有表扬到了点子上，孩子才会觉得你是真的承认了他的努力，否则会产生表扬疲劳从而产生厌倦和抵触心理。当然父母也不要随意表扬，表扬孩子要根据不同的地点、场合、时间选用不同的方式，这样才能让孩子觉得，我在持续地努力，而我的努力还会得到下一次不一样的表扬。

孩子都希望得到表扬，但是希望的是正确的、真心的表扬，而父母表扬孩子的目的也是给孩子营造一种内部激励机制，让孩子完成某件事情的时候，从父母的表扬中获得一种成就感，这样就激起孩子做事情的积极性。当然父母还要注意奖励孩子的时候永远不是奖励事情本身，而是孩子做事的态度，这样一来可以让孩子养成做事认真的良好习惯。因此，父母要注意表扬的方向性和教育性，否则，只会适得其反。

孩子都希望得到表扬，父母一定要在恰当的时机给予孩子真诚的表扬，但是表扬也不是多多益善，需要父母把握好方法和态度，切记不要把表扬引向反面。

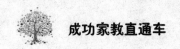

五、 "妈妈，我已经长大了"

现在社会，很多年轻的爸爸妈妈都倡导"民主"教育，把孩子放在一个跟自己平等的位置上来进行沟通和交流。这是一种很好的现象。当然，民主地进行教育并不是说放任不管，而是在一定程度的把握中尊重孩子，平等地对待他，让他有自己的选择，既要保证民主又要避免孩子形成坏习惯。

孩子当然是希望爸爸妈妈不要摆出一副高高在上的姿态，而是把自己当做朋友一样来平等对待。父母也都希望自己孩子能有一个健康良好的性格，因此父母应该把孩子当成一个独立的个体，尊重孩子的人格，民主地处理跟孩子之间的关系。新时代的父母更应该彻底抛弃高高在上、板起面孔说教的架子，把居高临下的态度变成视孩子为朋友一样的平等姿态，这样孩子才能对父母敞开心扉，愉快交流。

在传统的教育模式中，父母总是高高在上的"统治者"，而孩子就好像是永远都长不大的"小兵"，孩子看父母总是充满敬畏，有着很大的隔膜，有时不敢把自己的心里话说出来，而父母总觉得自己是对的，总把自己的想法强加给孩子，不去关注孩子的心里到底怎么想的，能不能接受。可见这样一方施加一方忍耐的关系很不协调，而这样的教育方式也不会起到什么好效果。

孩子的自尊心是极其强烈的，他都希望父母做自己的知心朋友，而不只是长辈，更不希望父母摆出一副长者的姿态动不动就施加压力，强加自己的想法。

在与孩子交流的时候，爸爸妈妈要让他觉得他和爸爸妈妈是平等的，可以用商量的口气对他说："宝宝，妈妈有一件事不理解，能不能跟妈妈解释一下呀？"让他觉得自己受到尊重了，自己已经变成"小大人"了，可以帮爸爸妈妈解决问题了，这样他也会很高兴地跟爸爸妈妈交流对话。

爸爸妈妈只有与孩子平等地交流，才能了解孩子提出要求或者做某件事情的真正原因，才能判别孩子的要求是不是合理，做的事情是不是正确，这样可以减少家长对孩子的误解，也能尊重孩子的个性。

现在很多父母都发愁，不知道该怎么跟孩子沟通，觉得自己做的都是为了孩子好，可是孩子还是跟自己对着干，然后把问题归结到孩子身上，从没有检讨过自身。孩子所谓的"不听话"是与父母的教育方式息息相关的，要改变这种心理和现状，就必须先让自己摆脱传统的教子观念，改变自己的交流方式。

有这么一个事例：

有一个调查小组到一个小学去做调查，项目是让孩子形容一下自己的爸爸妈妈，有一个女孩儿形容爸爸是她无话不谈的"哥们儿"，而另一个女孩儿竟然形容她的妈妈是"母老虎"。调查人员让她们接着讲讲自己对父母的看法，以及平时生活的经历。第一个女孩儿说："爸爸妈妈总是有什么事都跟我商量，他平时也都听取我的意见，说话从不用命令的语气，对于我的缺点爸爸妈妈也都是采用温和的态度让我改进。有一次爸爸要出远门，还跟我商量需要带哪些东西，让我做参谋。"接着她又说："还有一次我感觉自己好像喜欢上了一个男孩儿，刚开始不敢告诉父母，后来还是没忍住告诉了爸爸，谁知道爸爸不但没有生气还给我讲述了自己当时的相似经历，还给我分析情况给出建议，跟我说只有先好好学习才有好的未来，才能有真正的幸福。"她说自己听了爸爸的话之后觉得有道理，就专心投入学习了。第二个女孩儿说："我的妈妈总是一副严厉的表情，总觉得我不听她的话，在家的时候我有一点儿做得不好就冲着我大吵大嚷，我感觉妈妈不够尊重我，总是用命令的语气让我做这做那，所以我就更想跟她对着干。"接着她还说道："有一回我正在家观察一朵刚开的花，心情很好，这时妈妈就过来用命令的口气跟我说：'然然过来，给妈妈收拾东西。'我就跟她说我忙着看这朵花呢，结果妈妈就十分生气地走过来说：'叫你收拾东西你听见没有？不收拾东西还想不想睡觉了？'我就说待会儿收拾也一样的，结果妈妈就把花儿给打掉了，还说：'看它有什么用，去收拾！'我看着妈妈野蛮的行为，听着她命令的语气，很伤心地哭着跑开了。"

第一个女孩儿的父母把孩子放在与自己平等的位置上，很多事情都与她商量，给孩子应该有的尊重，也不会用盛气凌人的态度教训她，因此避免了很多矛盾，少了别的父母与孩子之间的隔阂，对孩子的信任和尊重也使孩子变得很优秀。

第二个女孩儿的妈妈总是把孩子放在一个不懂事的位置上，总是用命令的口气让孩子干这干那，不能把孩子作为一个独立的个体尊重，所以便造成了孩子跟自己的对立，更别说孩子有什么秘密和心里话跟父母分享了。一直处在命令氛围中的孩子，会越来越没有自己的主观看法，可能会形成懦弱的性格，反而不利于孩子健康身心的培养。

我们知道虽然孩子年龄小，但是也有自己的认知和思想，他也有社会性，是一个单独的个体，父母要做的不应该是施加自己的意愿在孩子身上，而是平等地与孩子商量和沟通，达成共识。当然，在孩子成长的过程中，难免会犯错误，父母应该适时地扮演不同的角色，引导和善诱孩子反省、改正，以建立正确的行为，特别是在现代社会中，孩子的独立意识更强，父母更应该放下架子，真正地与孩子保持平等的地位，走进孩子的内心。

父母在生活中应该注意哪些细节，来与孩子共处一个平等的平台呢？

1. 分享孩子的喜怒哀乐，也与孩子分享自己的快乐烦恼，让孩子为你排忧解难。

2. 教育有时就是伴随和支持，父母应该认真透视孩子的内心世界，把孩子当成自己的知己和一面镜子。

3. 别用命令的语气跟孩子说话，别强迫孩子做他不想做的事情。放下自己的威严，给孩子只是提供建议和想法，把选择权交给孩子，这样反而会取得孩子的信任。

4. 多从孩子的角度思考问题，多听取孩子的意见，让他以平等的身份参与到事件的决策之中，这样孩子才会易于接受父母的观点，愿意按照父母的意愿做事。

有的父母因为孩子表现出来的拒绝和反感，觉得自己没有受到尊重，认为是颜面扫地，他甚至为了维护自己的面子，变本加厉地强迫孩子按照自己的话去做，此时孩子与父母之间就会产生严重的对抗，影响父母与孩子之间良好关系的建立。很多父母不让孩子自主选择是因为怕他犯错，但是孩子正是在错误中成长起来的，父母应该给予孩子充分的信任。当父母和孩子的观念产生矛盾的时候，父母应该学会换位思考，如果不受尊重而只能接受别人的想法的人是自己，那么会是什么感受呢？

因此，父母要经常站在孩子的角度去考虑孩子的言语行为，了解孩子的年龄特点，才不会对孩子提出苛刻的要求；理解孩子看问题的角度，才不会拿成人的标准去批评孩子；尊重孩子的自尊心理，才不会采取命令的口气对待孩子。

在当前社会，父母要不断更新教育理念，尊重孩子的平等人格，不能无视孩子的意愿和权利，先对孩子强行命令，再步步紧逼，这样的做法只会激发孩子的叛逆心理，父母要慎重。

第三章
蝴蝶的翅膀也会掀起大风暴——细节教育要重视

任何优秀的父母都是从孩子的一言一行进行教育的，从细节关注孩子的成长，然后有根有据地进行培养和塑造，才有可能做到真正的因材施教。细节教育就像是蝴蝶效应，父母该从细节之处关注孩子，不能忽视蝴蝶的翅膀能带来的力量，因为有时蝴蝶的翅膀也会掀起大风暴。细节决定成败，也就是这个道理。

教育并不需要父母高高在上地进行指导，进行一些宏观抽象的道理说教，而是需要观察，并且从细节处给予引导，使得孩子养成良好的品格，走向成功的人生。观察的每一个细节都是一次珍贵的教育契机，细节教育同样能够左右家教的效果。

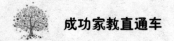
一、 21 天的成效

有教育专家指出，好习惯的养成只需要 21 天。好习惯成就孩子一生，父母在其中起着十分重要的作用，帮助孩子养成好习惯，是父母要对之从小进行教育的。把握好对孩子 21 天的坚持教育，孩子一定会大有所成。从小教育孩子不仅要有美丽的心灵，同时要有良好的习惯，这两者是相互的，有了良好的习惯是有美丽心灵的前提。孩子是家庭的未来，父母应该从细枝末节对孩子进行教育，从而使得孩子在好的习惯下走向成功。

帮助孩子树立时间观念

一年之计在于春，一日之计在于晨。这句俗语每个人都深有体会，时间可以说是这个世界上最宝贵的东西，同时也是最不好把握的东西，因为稍不留神，春天就过去了，宝贵的时间就像漏沙瓶里的沙子一样缓缓流尽而无能为力。但是如果能够把握好时间，你会发现人生的意义，在有限的时间里尽可能地完成自己的任务，就会获得一种成就感。

现在很多孩子都患有一种现代病，即"拖延症"，没有时间观念，很多事情不到最后、不到火烧眉毛的时候不去做，而到了最后时刻，又火急火燎、手脚并用地完成任务，那么可想而知其完成的效果如何了。

时间观念的培养对于家庭教育来说是十分重要的一个环节，做一个有时间观念的人，严格地遵守时间也是成功的保障。这个严守时间不仅仅指要准时，要按时去做该做的事情，更是指要使时间质化，增长有效时间，提高做事效率，这样才能使自己获得长足的进步。父母要想让孩子有时间观念，需要严格训练和培养孩子的时间意识。

著名教育学家马卡连柯十分重视对孩子的时间教育问题，他有一句名言："任何孩子从顶小的年纪起，就应当受严守时间的训练，清清楚楚地给他划出行动的范畴。"也就是说，当孩子还没有时间观念的时候，父母要借助外力给予帮助，可以从小就给孩子制定一个生活时间表，从小培养孩子良好的习惯。

父母可以将孩子每天日常生活的行为进行规划，如起床、洗漱、锻炼、吃饭、学习、娱乐、睡觉等，按照规律制定一个行为时间表，督促孩子按时去做。分秒必争就是一种积极的对时间的态度，同时也是对自己的生命负责，因为良好的时间观念会促使孩子加快执行速度，而不只是懒散地去应付，这样既可拓展生命的宽度，同时又能提高生活的质量。

父母应该从小教育孩子时间的重要性，也应该让孩子从小严格要求自己，时间长了就会养成好习惯，有人说一个好习惯的养成只需要 21 天，所以父母在关键时期的协助是非常重要的。在该起床的时候按时起床，这是对孩子自我意志的锻炼，改掉对懒惰的依赖。在该吃饭的时候准时吃饭，这是对家庭其他成员的尊重，同时也是培养孩子养成善待自己的习惯。遵守时间、培养时间观念，是一种道德的行为，因为一味地拖沓延误，就会迟到、不守信用、影响做事效率，而浪费别人的时间，也就相当于浪费别人的生命，这是一种对别人不负责同时对自己也不够尊重的表现。

所以，对孩子来说，遵守时间、树立时间观念，是有所成就的前提。时间是否能够发挥作用，取决于自己的行动，而行动中效率的高低也就取决于对时间的利用和支配。父母应帮助孩子从小树立正确的时间观念，教会孩子爱时间、爱生命、会珍惜、会利用，这样才能创造出精彩的人生。

帮助孩子设立明确的目标

目标就像茫茫大海上的一座灯塔，指引人们前进的方向。目标对我们每个人的日常生活来说，就是今天做什么，明天做什么，自己的计划是什么。目标对于人的一生来说非常重要，有了目标之后，才会有前进的动力，才有可能实现在别人看来也许根本不能实现的愿望。

对于父母来说，要帮助孩子从小养成建立目标的习惯，在理想的指引下一步步实现自己的愿望。

有一个调查组在与孩子的交流中，问他的理想是什么，有理想的孩子说的都很美，有的想当老师，有的想当飞行员，有的想当作家等，都有着各种各样的美丽梦想。调查组对当时采访的这些孩子进行了追踪调查，很多年之后，这些孩子中能坚持下来的，都在理想的引领下下取得了卓越的成绩，而没有理想的人却表现平平。每个人都是在目标的激励之下才获得前进的动力。所以对于孩子来说，理想和目标十分重要，父母应该善于挖掘孩子身上的兴趣和闪光点，帮助他树立起自己的人生目标，这样他才有信心和勇气去面对未来。

目标包括大目标、小目标。父母应该开导孩子首先学会认识自己，知道自己的特长和兴趣点在哪里，结合这个兴趣点制定自己的大目标，然后再结合实际生活中的现实情况，制定一个个容易实现的小目标，即使是完成一门作业、逛一次公园、背诵一篇文章等。这些细小的问题，父母都应该开导孩子，还要在制定目标时分清轻重缓急，有的目标是不得不去实现的，有的不太重要但是需要当下立刻去执行的，而有的很重要却是需要花费很长时间来实现的，父母应该学会面对孩子不同的目标给予不同的鼓励和安慰。

对于孩子来说，最重要的是制定目标之后的行动，要全力以赴，这样才不会有光阴被荒废的感觉。所以说，父母要教会孩子竭尽全力去实现每一个小目标，这样大目标的实现才会有可能。父母可以引导孩子给自己设立一个计划表，在完成的目标下画上一条线，这样的话，孩子就会动力十足地进行下一个目标。

在面对孩子的目标和梦想的时候，父母的态度对孩子的影响十分重要。当孩子终于有自己的目标时，不管是什么，父母都应该给予积极的引导和鼓励，而不是扼杀或埋没。一句"哇，我儿子真厉害"和"唉，真没出息"对于孩子实现梦想的动力有着截然相反的作用。

家庭教育中，父母经常会犯一个错误，就是将自己年轻时没有实现的梦想强加到孩子身上，将给孩子的目标制定得像是自己的，而孩子在这个过程中，则完全没有感受到实现目标的快乐，父母反而觉得孩子厌学、叛逆、不理解自己，这时父母是否该反省一下，有没有耐心地问一问孩子：你喜欢什么？

父母在帮助孩子制定目标的时候，要结合孩子的兴趣点，同时不要把自己的梦想强加到孩子身上，而更多的是在生活中多与孩子沟通，让孩子多与外界接触，让孩子接受更多的新思想，拓宽自己的视野，从而树立起孩子自己的目标和理想。

培养孩子专心致志的习惯

我们经常会在幼儿园里看到这样的情景，老师在上面讲课，底下的孩子们却站的站、跑的跑、说话的说话，一片热闹的景象。这是因为在儿童的世界里还没有规则的概念，也没有专心坐下来认真干一件事情的意识。但是当孩子长大一些，养成专心致志的习惯可以说就十分重要了。这个好习惯的养成也需要父母的引导和培养。

专心致志地做一件事情，才能把它做好。也就是说，在做这件事情的时候不想别的，要全身心地投入其中去做。一心一意和三心二意是两种完全相反的做事态度，当孩子能够做到学习的时候全心学习，玩耍的时候专心玩耍，这样才能成就大事，而不是学习的时候想玩，玩的时候又觉得没学好，这样三心二意的结果是两方面都没有成效，得不偿失。

有教育学者指出，人与人之间的差别并不大，但是由于过程中付出的努力以及对事情的专注程度有所不同，才造成成绩的大不相同。对于父母来说，如何培养孩子沉静、专注的良好习惯呢？

首先，要引导孩子明白自己目前要做的事情，也就是说短期目标是什么。目标明确之后才能够开始行动，也才能够谈得上专心致志，才能够有一种不达目的誓不罢休的魄力和动力。

其次，要给孩子营造一个相对安静的环境，尽量不去打扰。当孩子正在专心地做一件事情的时候，对冷不丁的吵闹和打扰会相对敏感。我们经常能听到孩子的抱怨："我在自己房间里做作业，我妈就忽然推开门进来，跟我说这说那的，一下子就把我的思路打断了。"由此可见，孩子是需要一个专心致志学习环境的，父母应当为孩子营造这种环境而不是破坏它。

再次，从心理上培养孩子的专注，给孩子积极的心理暗示，让孩子觉得专心致志去做就可以获取成功。

最后，让孩子劳逸结合，用心玩才能用心学。

从父母方面来说可以专门让孩子完成一件可以养成良好耐心的事情，例如，可以让孩子沉下心来练习书法、聆听古典音乐等，着意培养孩子的心性，让他在做事情时去体会专心投入的过程，这样有始有终地训练，有利于培养孩子专心致志的习惯。

著名的教育学家叶圣陶说过，积千累万，不如养个好习惯。可见习惯的重要性，孩子需要在父母的引导下进行自身潜力的挖掘，从而形成良好的教养、良好的行为习惯，最终收获一个美好的未来。

好习惯决定孩子一生，家庭教育的重点之一，就是使孩子养成良好的生活学习习惯。习惯，是一种相对稳定的思维和行为倾向，习惯一旦形成，就会在人头脑中形成一种自动化的种序，从而决定人生的方向。好的习惯是一生的财富，有利于孩子积极态度的养成，所以父母要将对孩子人生的期望落实在良好习惯的培养上。

二、 生命难以承受之痛——尊严被忽视

很多父母批评孩子的时候，都会当着很多人的面，从来没有想过，即使是小孩子也会有出于本能的自尊心。所以，要做聪明的父母，就要设身处地地为孩子的处境着想，在教育过程中，要顾及孩子的自尊心，这也是优秀父母教育孩子必须注意的细节。

有一个教育学专家指出，在批评孩子的时候应该注意四条准则，而这四条准则的核心就是要顾及孩子的自尊心。这四条准则如下：

1. 批评孩子最好是单独进行，不要让孩子当众丢脸，不要伤害他幼小的心灵。

2. 批评的重点只对事不对人，不要过分强调孩子的过失，重点应放在如何改正上。

3. 父母批评孩子时态度要和善，切勿居高临下，咄咄逼人，使孩子产生反抗心理。

4. 批评孩子要给孩子申诉的机会。

可以说，对待孩子，没有什么比保护他的自尊心更重要的了。虽然是孩子，可是他有着强烈的对于自尊心的维护，所以父母一定不要小看孩子，觉得他年龄还小，不懂得自尊的重要，有时候越是在父母面前，孩子就越是要维护自己的自尊心，因为他急于表现自己，急于得到认可的愿望是最强烈的。因此，对于父母来说，一定要站在孩子的角度去考虑问题，当还不能确定是不是孩子的错时，先要冷静下来，不能武断地冤枉孩子，当有了充分的理由知道确是孩子的错时，也不要当面指出他的错误，一定要给他留点面子，事后再耐心地与他交流，孩子不但会感激你，而且这时的教育效果才是最理想的。

自尊心是最重要的，也是孩子最想要维护的。有些父母总觉得孩子的自尊心不值一提，好像只有大人才有自尊心似的，正因为如此，生活中才会有很多苦恼的孩子。曾有孩子说他爸妈总偷偷地跑到他的房间里乱翻，好像他偷藏了什么东西一样，有一次他竟然看到他的妈妈在偷看他的日记。孩子就感觉父母好过分，一点儿都不尊重他的隐私。只有学会尊重孩子的父母才能教育出懂得自尊的孩子。所以说，父母要学会尊重孩子的自尊心，他小小的面子，以及他的隐私，这些都是对他尊严的维护，是与孩子之间进行良好互动的第一步。

有这么一个事例：

一个小女孩儿在学校里学了一个新词，回家想要炫耀一番，给爸爸妈妈造句表现自己的学习成果，但是在说了一个不太成熟的句子之后，爸爸妈妈都大笑起来，她也不明白为什么，又想起了一个新学的词叫"嘲笑"，她就大声地对他说，你们在嘲笑我。结果爸爸妈妈笑得更厉害了，说都会用嘲笑造句子了。他没有说真棒，只是一直笑，这个小女孩一直不明白为什么，只是站在他面前觉得心里有点不是滋味，以后就再也没有在父母面前表演过什么。后来小女孩长大，说起这件事情，父母已经记不起来。可是女孩儿却一直都记得那次莫名其妙的童年往事。

对于父母来说，一定要考虑到自己无意间的行为也许给孩子幼小的心灵可能造成的影响。上面的案例中，父母没有考虑到小女孩敏感的内心，没有发觉到小孩子需要得到肯定的强烈愿望，而无意间的忽视却让小女孩的自尊心受到隐隐的伤害，不敢在父母面前展现自己，也无处获得自信。其实在孩子的世界里，需要的是肯定的目光和鼓励的声音，这也是对孩子尊严的顾及，对他最本质的尊重。

当然父母肯定不是存心去伤害孩子，但是有时候说者无心听者有意，也许正是因为一些无意间的语言和行为，反而伤害了孩子幼小而脆弱的自尊心，让孩子很没面子。这种无意间对孩子自尊心的忽视在生活中是常有的，父母对于孩子来说是最亲近、最依赖的人，他对孩子自尊的否定经常会让孩子无法辩驳，而这种伤害是最难以弥补的。

父母应该尊重孩子的独立人格。有时不应该把孩子看成一个乳臭未干的小孩，更应该把他作为一个独立的社会个体来看待，站在他的立场上为他想想问题和处境。例如他的伙伴来找他玩，父母就应该当着同学的面顾及孩子的心理，问一问孩子自己的想法，让他自己去做正确的决定，而不是板上钉钉地一口回绝说，他不去。这样就忽视了孩子的面子，当着他同伴的面就否定了他作为一个独立的个体可以自己的事情自己作主，而又重新回到父母的控制之下。父母这样做等于在孩子的同伴面前表示他没有独立能力，还在受父母的指示生活，从孩子的心理上来说，是难以接受的，所以有时孩子会有逆返心理，这都是为了挣回自己的面子，可是父母很多时候不能体会孩子的这种心理，反而会怪罪孩子不懂事，却从来没有从自身方面找原因。

对于父母来说，对孩子的教导应该避免当着孩子同龄人的面进行，孩子有什么做对的或错的，都应该在与孩子单独接触的时候进行沟通交流，这样才能让孩子感受到一种被尊重的感觉，这样的教育方式才容易被孩子接受。所以日常生活中，孩子这些容易被父母忽略的细节应该被重视起来，面对孩子那些独立的意志和愿望，只要不是错的，父母都应该尊重。

父母有的时候不知道该怎么样对孩子进行教育，原因就是因为没有办法了解孩子，而父母想方设法旁敲侧击地获取对孩子的了解，有时就会无意间伤害到孩子的自尊心，但是父母却意识不到。例如父母偷看孩子的日记，这样让孩子觉得自己的隐私受到了侵犯，就会把自己的日记锁起来，而越是这样父母就会越觉得孩子有问题，结果更加触犯孩子的隐私权，并伤及他的自尊心。

对于孩子来说，父母的这些行为都是对他的不信任、不尊重，很容易在心里留下不好的影响。所以，对于父母来说要给孩子一定自由的空间，尊重孩子内心的秘密，想要与孩子做朋友，想要获得孩子对自己的尊重，首先要做到尊重孩子，靠真诚和尊重是获得孩子信任的惟一途径。

父母在实际生活中，应该多多反省自己，从以下几个方面来注意，不要伤害到孩子的自尊心。

1. 不要在不确定的情况下不分青红皂白地冤枉孩子。例如有的时候东西找不着了就随口说孩子，"你是不是又把东西拿了没放回来，肯定又是你。"当孩子辩解的时候，父母应该听，不要动不动就说不是你还有谁，结果却发现是自己放错了位置，冤枉了无辜的孩子。所以事情在没有确定的时候要反省一下是不是自己的问题，而不是一味地推罪在孩子身上，给孩子心灵造成伤害。

2. 有时孩子为了在父母面前表现自己，可能会夸大说话的内容，父母心里知道就好，不必说出实情来，让孩子面子上挂不住。

3. 父母要注意孩子成长过程中的自尊心是随着年龄不断增长的，也许父母随口的一句话都会在孩子敏感的心里留下不好印象，父母应该把孩子像"小大人"那样去对待。

4. 要懂得给孩子的隐私留有一定的空间，孩子拥有自己的隐私权，父母给了孩子生命，他就是独立的个体，父母不能想着占有孩子、代替孩子生活。

父母应该学会在与孩子的交流和接触中，不断反省自身，你埋怨孩子进门不知道敲门，那么你进孩子房间的时候有没有礼貌地敲门呢? 埋怨孩子不懂得尊重别人，那么你有没有在该尊重孩子的时候尊重孩子呢?

孩子有受到尊重的权利，父母首先应该尊重孩子，给予孩子拥有隐私的权利，孩子才能自尊自重并尊重他人。父母应该把孩子当成一个具有独立性格的个体，而不是一个自己的占有物。

三、 多鼓励引导， 少呵斥责骂

我们主张夸奖教育的模式，通过夸奖来弱化孩子身上的缺点，通过鼓励和夸奖来放大他身上的闪光点，因为孩子如果长期受到激励性的话语影响，就会在心里形成正面的自我意象。在孩子成长的过程中，需要肯定，在这样的环境下，久而久之，孩子就能够成为有爱心、好奇心、自信心的人才。

有一个教育学家说，孩子都是需要鼓励的，有赏识才有教育。现在的家长，有很多错误的心理，总是拿别人家孩子的长处来对比自己家孩子的短处，这样就容易使孩子产生一种自卑心理，并且很容易和家长站到对立的局面，这样的教育是失败的。对于父母来说，面对自己的孩子，要多鼓励引导，少呵斥责骂。

孩子需要肯定

孩子是需要表扬的，孩子的成长需要父母的肯定。因为孩子的成长过程是一个慢慢确立自我的过程，与父母有着直接的关系。父母的认可和鼓励对于孩子来说是十分必要的，父母应多对孩子说"你真棒！你一定能做到更好"，这样的话语能帮助孩子寻找自信，并且在自我肯定中逐渐确立自我。

很多父母都觉得"严师出高徒"、"棍棒底下出孝子"，对幼小的孩子总是苛刻至极，认为只有严格要求才能保证孩子的进步，继而错误地将严格要求等同于责骂和强制。在这种情况下，孩子心中的苦闷无处诉说，就会有一种压抑感和自卑感，对于还没有成熟的自我无法把握，也无处获得自信，时间久了可能会对父母产生逆反心理，也有可能再也无法找到获得父母肯定的途径。这是父母应该深思的问题。

让我们一起看看如下的事例：

期中考试结束了，学生们拿着试卷走出校门，走向前来接他回家的父母。淼淼 95 分考了班里第三名，晨晨 99 分是班里第一名，他都很高兴地走向自己的父母，向他汇报了考试的情况。晨晨妈妈听说之后，不但没有给予表扬和鼓励，反而责备晨晨说，怎么没有拿到满分，上回考试就因为粗心，这次又是，怎么总不长记性啊，下回再不拿满分看我怎么收拾你。淼淼的妈妈却是笑着对淼淼说，我们家淼淼真棒啊，进步真快，回家分析分析出错的试题，争取下回再往前进一步，妈妈相信你一定可以的。淼淼笑着点了点头，而晨晨看着淼淼的妈妈，心里真不是滋味，一路默默地跟在妈妈后面偷偷地掉眼泪。

在家庭教育的环节中，对孩子说话的语气应该是鼓励式、表扬式的，而不应该是呵斥和责怪。虽然很多父母都知道，应该多鼓励少责骂，但是实际生活中却做不到，看到孩子不上心不进步，就气不打一处来，根本想不起来要鼓励和引导，反而变成了自我情绪的发泄。其实这种问题的根本还是因为父母不相信孩子，没有静下心来分析问题，所以在这种情况下，父母应该充分地站在孩子的立场上，去理解孩子，相信孩子的潜力，给予孩子足够的信任，从内心相信他一定会做得更好，而不是语言上的敷衍，因为孩子能够判断出来什么是真心，什么是随口一说。

实际生活中，还有一种情况，就是父母总爱把自己的孩子与别的孩子进行比较，我们经常看到，父母对自己的孩子说，你看人家谁谁，多懂事啊，哪像你这么大了什么都不会，真不知道要你有什么用。孩子内心最想得到父母的认可，如果连最亲的人都对自己没有信心，那么孩子心里的难过可想而知。每一个孩子都是一个独一无二的独立个体，没有必要拿来与别人进行比较，父母要做的是挖掘出孩子身上的闪光点，对孩子进行引导和鼓励，让他知道父母是欣赏自己的，让他感受到骄傲。赏识教育是教育成败的关键，父母对孩子的欣赏是孩子获得巨大进步的前提。

相信你能行

一个人发现自身的价值，往往是通过别人的信任和鼓励而得来的。对于孩子来说，最渴望的是得到父母的认可和信任，虽然他年龄小，但是有的时候会以"小大人"的姿态自居，主要是为了引起父母的关注，希望父母不要把他当小孩子看，希望父母能够让他"办大事"。父母有的时候，不容易相信孩子，总是想着他还什么都不懂，就什么都想给他安排好，不让孩子去尝试。殊不知，一句"相信你能行"能带给孩子多大的动力，又能激起孩子无穷的潜力。

父母的"行"或"不行"对孩子的影响十分重大，父母的赏识与放手，对于孩子来说就是一种积极的认同信号，孩子就会觉得自己是被认可的，是能行的。相反，如果父母本身就觉得孩子不行，那么这种负面的消极信号也同样会感染孩子的情绪，认为自己确实不行，那么孩子就会产生一种自卑的消极心理。

孩子的潜力是无穷的，有时会超出父母的想象。所以，家庭教育在很多时候意味着不要阻拦、不要过分规范，只需要放手，在旁边肯定和欣赏即可。父母给予孩子欣赏和鼓励的眼光，孩子的动力会无形中提高很多，甚至会创造出奇迹。在父母赏识的基础上，帮助孩子正确地认识自我，相信自己，不在乎别人的看法，最终才能发挥自己的无尽潜力。

有这么一个事例：

有个女孩儿叫小婉，从小就有一颗敏感细腻的心，在学校也只是一个平平凡凡的学生，但是她的作文写得很好，每次都能被老师当做范文朗读，这是她很骄傲的一点。于是，她的心里藏下了一个秘密，那就是她长大了要当一个作家。她没有跟任何人说这个秘密，因为内向的她害怕别人说她不自量力，而且她从来没有从父母那里听来一句认同她的话，她也怕父母认为她不行，就这样只把秘密悄悄地藏在心里。有一次回家之后，她跟爸爸说起她的作文又被老师当众朗读了，爸爸这回竟然让她把作文拿出来给他看看，她既忐忑又高兴地拿给爸爸，并在一旁安静地看着爸爸的表情，等着爸爸看完。这时看到爸爸嘴角露出了微笑，同时眼角还有些湿润，她不知道该怎么办，就问爸爸是不是自己写得不好。结果爸爸高兴地说，"傻孩子，你写真好，爸爸一直以来都不知道我的女儿竟然这么厉害，以后肯定是个大作家，看你的作文能让爸爸觉得这么感动，真不错，孩子"。说完还把妈妈叫过来一起看，妈妈也抚摸着她的头说，"我的女儿就是棒"。这时的她受到了莫大的鼓舞，心里更坚定了自己的梦想。

父母的赏识是激发孩子兴趣的最佳催化剂，在孩子的世界里，父母的挑剔和指责就是否定。父母也不应该做一个挑剔的人，而应该在旁边拍手叫好。孩子的兴趣需要父母的认可，在父母认可的前提下，孩子的兴趣才有可能发展成为真正能带给孩子幸福的梦想，这对孩子来说至关重要，所以父母的一句话，同样不可或缺。

　　父母要学会多鼓励孩子，永远要以孩子的长处骄傲，但不以孩子的缺点遗憾，将孩子的长处鼓励到最大的效果，同时不与别的孩子盲目比较，这样的孩子才能有一个健康的身心。

四、 引导孩子正确面对挫折

挫折会让人变得更加强大，对孩子来说，适当地经受挫折是必要的。现在很多家庭都是独生子女，父母恨不得让孩子像温室里的花朵一样，自己为他遮风挡雨，不让他受一点委屈。久而久之，孩子在遇到挫折和失败的时候就会无所适从，甚至会任性，还有可能会无理取闹，怪罪父母。最近在网上引起巨大争议的李双江儿子李天一的事件，以及说出"我爸是李刚"这样话的富二代不顾法律权威进行犯罪活动，都是因为他已经形成一种可怕的思维定式，认为父母肯定会为自己的错误埋单，肯定会处理好一切。没有挫折意识、没有法律意识，在经受挫折的时候产生错误的认识，误入歧途，这种情况的产生是需要父母进行深刻检讨的。父母不是挡在孩子面前的盾牌，而是并肩作战的战友，在孩子的挫折面前应该采用良好的教育方式，抓住挫折提供的机会进行启发式教育。

我们生活的世界里，不可能一帆风顺，都会经历挫折。在挫折中认识自我，总结经验教训，是不断成长、进步，进而走向成功的重要法则。对于孩子来说，他的成长需要阳光雨露，也需要狂风暴雨，挫折教育对于孩子的成长来说至关重要，父母要做的是充分抓住挫折的机遇，引导孩子正确面对挫折而不是逃避，进而提高孩子承受挫折的能力。

父母首先应该记住，当孩子经受挫折的时候，不要大加指责，不要埋怨，不要用强硬的态度试图去扭转孩子的错误。这样会让孩子觉得自卑，不受肯定，会起到相反的作用，孩子可能会因为怕受责备而不敢冒险，逐渐失去学习新知识、掌握新技巧的热情与胆量，或者因此产生逆反心理。这就完全背离了教育的良好初衷。

孩子经受挫折的时候，是父母教育孩子的最好契机，将孩子经历的挫折和失败转变为学习机会，而不是让孩子在挫折中沮丧。父母要教给孩子正确的经验之谈，使得孩子在下次遇到同样情况的时候能够避免再遇挫折，从而让孩子自己能够克服困难，完善自己的生活。

在当下物质生活条件越是优越的时候，就越应该重视挫折教育。父母应该知道，孩子面对挫折时的态度很大程度上是受父母影响的结果，父母对孩子无条件地决定和安排好了一切，那么孩子在生活中接受挫折的机会和勇气就会少之又少，丧失了这样的机会，对挫折的承受能力就会降低很多。

中国的父母总想替孩子生活，千方百计地绕过苦难和挫折，想让孩子平安无事地长大，对孩子百般娇宠，因为挫折教育的缺失，很多孩子有可能因为一点小小的错误就酿成悲剧。

中国家庭里有很多被宠坏的孩子，从这些孩子的身上，我们也许应该吸取一定的教训：

小光就是家里的"小皇帝"，从爷爷奶奶到爸爸妈妈都对他宠爱有加，无论他想要什么，父母都会想尽办法。有一天，在学校他看到同学手里有一个他同学爸爸从国外带回来的玩具，他也想要一个，每天回家嚷嚷着父母也给他买一个，爸爸妈妈没办法实现，与他说什么也无济于事。最后他竟然把同学的那个玩具给偷了回来。他的父母在孩子遇到挫折的时候，只是一味地迁就和忍耐，不在这种挫折的境遇里引导和启发，所以才导致了孩子做出这样的事情。

如果在这种情况下，面对孩子所经受的挫折和不如意，父母能够利用这个机会进行教导和启发，那么也许会有不一样的效果。不要过分看轻孩子的理解力，父母如果能够耐心地与孩子交流，进行挫折教育，会促使孩子健康成长。在这种情况下，如果父母能够跟小光开导说，"爸爸妈妈上班都很辛苦，还要照顾你，那个玩具爸爸妈妈没有办法放下工作去美国帮你买回来，我们也有很多想要的东西、想要实现的愿望，也会遭遇挫折，也不会尽如人意，那么我们来要求谁帮助我们呢？很多事情不是说一定能够满足我们的心愿，挫折是必修课，你应该学着体验这种感觉，你也该长大了，该在挫折中锻炼自己应付困难的能力。知错就改就是好孩子，你仔细想一想，下次遇到挫折，遇到不能如愿的时候你会怎么做呢？会不会比现在要懂事得多？"

父母如果在这种合情、合理、心到、行到的教育中对孩子进行感化式、启发式教育，那么孩子怎么会不领会这一份情意呢？如果孩子在生活上遇到苦难，父母不是连忙把他扶起来而是开导他在痛苦中自己站起来才会更强大；如果孩子在学习上经受失败，父母不是责骂孩子笨而是教会孩子从错误里总结教训并开导孩子考试不代表一切。教孩子正确对待挫折，能够看到自身不足的前提下有所进步才是最重要的。

让孩子正确地面对挫折，同时父母要肯定孩子的进步，要把我们的关心转变成对孩子的期望和激励，让孩子在挫折中自我成长，让孩子在挫折中的所学所得受到肯定，这才是教育的目的。

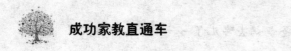

五、 思考能力决定孩子智力

孩子提出的问题越多，那么他在童年认识的东西也就越多，在学校中越聪明，眼睛越明亮，记忆力也就越敏锐。要培养自己孩子的智力，父母就得教会他思考。

在中国应试教育的模式下，最容易让孩子丧失思考的能力和机会，因为考试要考的内容都是确定的，只要背下来就有机会通过考试，而对于孩子真正感兴趣的所谓老师家长眼中的"旁门左道"则视而不见，或者扼杀于摇篮。这种情况下很多家长会说，好好听老师的话，做完你要做的功课就行，问那么多乱七八糟的事情干嘛，净是些没用的东西。在成人的世界里，过分功利化的思维定式，总是以"有用"和"没用"来衡量一件事情的"做"与"不做"。但是对于孩子来说，没有这样的概念，他只是对这个世界充满了好奇，想去了解这个世界，所以总在问"为什么"，也正是因为这样才说明孩子在思考，力图弄明白这个世界是怎么回事。父母扼杀孩子问问题的兴趣，让孩子的每一个"为什么"都消失于无形之中，才是对孩子思考力、想象力、理解力最大的扼杀和泯灭。

因此，对于父母来说，教给孩子思考能力的前提就是不要去阻止孩子对于每一个"为什么"的追寻和提问，同时更应该与孩子一起面对未知，边思考边去解答这个世界更多的疑问。善于思考其实就是善于提出问题，也就是说应该让孩子学会提出问题，学会问"为什么"。有的孩子善于提出问题并且善于思考，而且懂得在实践中检验，而有的孩子却不善于思考，更懒得去实践，所以造成了在成长环境基本相同的情况下思维差异却很大的现象。

我们看看以下的事例，向这样的父母学习吧：

有一个孩子，成天缠着父母问各种各样奇怪的问题，这个"为什么"父母还没有给出答案，下一个已经等在那里了。例如，为什么我的皮肤是黄的，而有的人却是黑的；为什么会有流星；为什么月亮有圆有缺，它们是同一个月亮吗等等。爸爸妈妈有时候很犯愁，因为这些习以为常的事情他有的竟然也答不上来，但是他并没有阻止和打断孩子对这些问题的浓厚兴趣，对于不能肯定的问题，他并没有直接回答，而是引导他，一起从书本上、网络上、实践中寻找答案。在这个过程中，引导孩子发现新的问题、激发思考的兴趣，并在这个过程中，让孩子喜欢思考，进而喜欢上读书和探索。

父母在教孩子学会思考的时候，要激发孩子的想象力，因为想象力就意味着创造力，而创造力是一个人永不穷尽的动力，所以父母不要约束孩子们奇妙思维的魔幻之旅，应尽可能地让孩子打开想象的翅膀，打破原有的模式，学会固有常识的重新组合，进而在创造力的驱动下完善思考。

父母在实际生活中应该怎么做才能让孩子得到一种思维的训练呢？有一个教育学家指出，训练的方法十分简单，要求我们教会孩子遇事学会"加一加、减一减、扩一扩、缩一缩、变一变"，也就是说任何一件事情，都要从多个方面来认识，往多个方面想一想它的用处。这样的思维训练有利于开发孩子的思维，冲破思维定式，形成多种多样的可能性。

父母用一种改变、代替和重组的方式为孩子思维插上自由翱翔的翅膀，那么父母还能够从哪些方面帮到孩子，以给孩子一个思维活跃的大脑呢？教育学家分析，应给孩子提供适当的营养能量，让孩子多运动以保证充足的养分，同时应该鼓励孩子多用脑，集中精力多思考是锻炼大脑的最佳途径，因为脑子越用越灵。当然，在不断的思考过程中也应该注意孩子的睡眠，大脑需要休息来调整，才能有利于孩子进行更多的思维训练。

金玉良言

父母都希望孩子有一个敏捷善思的大脑，那就在思维训练的前提下多开发孩子的想象力，不要埋没孩子的好奇心、求知欲，多跟孩子进行发散性思维的交流和练习。

第四章
让孩子跟着天性走

　　孩子的天性是天生的，从娘胎里带出来的。在后天的父母教育中，要十分注意对于孩子天性的保护，注意不能把成人世界的规则和理念强加到孩子身上，这对于天性使然的孩子来说是一种伤害，而且这种伤害往往无法弥补。每个孩子都有属于自己独一无二的生命要求，父母要做的只是在天性的基础上进行辅助式教育，而不是任意裁剪。

　　中国有一句教育孩子的话，把孩子比喻成一棵幼苗，认为孩子不能一味地任他自由生长，家长需要不时地给他修枝剪叶，这样他才能长成一棵参天大树。这样的观念是有偏见的，试想一下整齐划一的公园盆景，有什么欣赏性可言？同时再试想一下，要是那棵幼苗是一朵鲜花而不是参天大树呢，要是孩子只想要快乐地做自己呢？父母不了解孩子天性，只是一味地进行传统教育模式的灌输和施加，那么孩子就是一个被"强扭的瓜"。请父母反省一下，这样的瓜会甜吗？

一、 你的孩子是什么个性

尊重的前提是了解。父母想要保护孩子天性，想要给孩子提供一个自由发展的平台，首先就得了解孩子的性格，挖掘出孩子身上与众不同的闪光点，然后加以引导，培养，使他健康成长。

不同的孩子有不同的个性特征，教育的最终目的是让不同的生命散发出各自的光辉，而不是让不同的个体散发出一样的色彩。教育从来是以人性化的尊重为前提，力求每个孩子能够自然发展，而不是让孩子进入模式化的框架中进行限制。所以说，父母应该首先要了解自己的孩子有什么样的个性特征。

根据心理学家分析，对于孩子的个性特征，主要是以下几个方面，即活泼型、安稳型、力量型、完美型。这四个性格特征各有其代表性的个性优势和不足，父母只有对自己的孩子各方面的表现有所了解，才能够真正地做到人性化教育，才能够理解和尊重孩子的天性，继而因材施教。

那么，这四个方面的个性特征最明显的表征是什么，我们可以从以下的分析中获得，给父母一定的启发，在此基础上了解自己的孩子。

活泼型聪明好动、热情开朗，多有创新性和好奇心，天性积极，喜欢表现，例如娱乐演出等。注意力易分散，做事有时三分钟热度，这类孩子需要不断鼓励和督促，渴望得到认同和关注，父母要引导孩子自律，鼓励他做自己喜欢的事情，但不能纵容，需要有一定的约束力。

安稳型平静随和、温顺听话，喜静却有钢铁般的意志，渴望平静安宁，适合行政事务，优柔寡断、决断力差，有时缺乏主见，这类孩子期待尊重和被认同，多让孩子做选择和决定，对孩子多方面引导，多读书给孩子听，多玩一些挑战性游戏激发其热情，多与孩子参加户外运动，平心静气地与孩子交流。

力量型意志坚强、精力充沛，勇敢果断，有统筹领导能力，喜冒险，追求挑战刺激，控制欲强，不达目的不罢休，失望时容易丧失理智，这类孩子好大喜功，父母应该注意引导和克制孩子的霸道和随心所欲，尊重他内心对公平、公正的需求，为他提供能发挥潜能的环境。让他忙碌起来并承担一些责任，满足他追求成就的要求。

完美型智慧聪明、做事认真，注重细节，善于分析思考，具有创造力，对自我要求很高，生活学习有规划，不善表达内心感受，有时会比较容易悲观，这类孩子注重细节，追求完美，希望别人能了解自己的内心，所以父母应该多鼓励孩子发展专长和爱好，鼓励孩子表达自己的情感和需求，尽量少接触悲剧性的东西，父母尽量营造积极的家庭氛围。

以上只是一个大概的普遍个性分析，对于每个孩子肯定还会有特殊性，即使是属于同一类个性的孩子也会有不同的兴趣爱好等，父母要做的就是根据孩子的兴趣爱好，有针对性地选择特长学习，避免给孩子造成沉重的压力，按照孩子的性格特征，为孩子量身定做属于自己的恰当的教育方式，以让孩子愉快地成长。

例如，活泼型的孩子特别喜欢说话来表达自己的看法，父母就应该多陪他聊聊天，做一个倾听者，耐心地听取孩子的话。安稳型的孩子喜欢安静，家长们要鼓励孩子多与人交朋友，多陪他散步、聊天等，给他尽量制造一个安静的环境来让他放松自己。力量型的孩子渴望在运动中释放自己，家长要多陪他进行运动，同时引导他不要心气太盛。完美型的孩子很会享受孤独，善于思考，父母要给他提供一个良好的环境，也要多与他接触，发现他思考的东西，并且开导他表达出自己内心的感受。

因此，尊重孩子天性的基础是先要了解孩子的天性是什么，这才是一个合格的现代父母该做的，在尊重孩子天性的基础上，探索适合孩子的道路，而不是盲目地仿效教育典型，照搬所谓的成功经验。

按照孩子天性来培养和教育孩子是最好的，从本质上来认识孩子，无条件地接纳，与孩子一起成长，在认识孩子的过程中认识自己，教孩子快乐成长的过程中实现孩子的人生价值，这应该是家庭教育成功的最佳体现。

有一位当了妈妈很多年的人，在教育孩子的过程中有一个深切的体会，她说，如果违背孩子自身的发展天性，以填鸭式教育强行灌输给孩子各种方法，逼

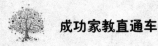

迫他练习成人世界的技巧，结果就会磨灭孩子的个性，掩盖孩子身上的闪光点，而孩子也被改变得没了快乐和自我的意识，这是父母在教育过程中犯的最大的错误。

因此，一个教育学家的话就显得很有道理："孩子没有自我意识的时候，如果按照父母的命令和教训进行努力的话，等他长到一定年龄的时候，自我意识开始萌发，就会因为自我认同的缺陷和存在感的缺失而痛苦，而且最痛苦的是意识到了痛苦却无力改变，因为这么多年的家庭教育已经磨掉了很多。"这应该是最可悲的情况，所以说父母在家庭教育中的观念十分重要，父母必须根据孩子身心发育的基本特征循序渐进地进行引导，给孩子自由发展的空间，同时结合孩子的不足进行完善，用一颗平常和宽容的心真正地从孩子的成长天性去挖掘，让孩子在轻松愉快的氛围中成长。

清水出芙蓉，天然去雕饰。孩子就应该像出水的芙蓉一样，而父母应该在孩子天性得以张扬的前提下进行自然教育，取长补短，一步步完善孩子的成长之路。

二、 别夺走孩子的美丽天性

著名作家周国平说过一句话："当孩子编织美丽的梦想时，不要用你眼中的现实去纠正他。"纪伯伦也说过："孩子虽是借你而来，却不属于你；你可以给他爱，却不可给他想法，因为他有自己的想法。如果你执意把孩子引上成人的轨道，当你这样做的时候，你正是在粗暴地夺走他的童年。"这两句话就充分说明了保护孩子天性的迫切性，让孩子属于自己，让孩子拥有自己的想法，让孩子拥有作为一个生命的个体性，这就是保护孩子天性的做法，就这么简单。

保护孩子的天性需要给孩子自由成长的空间，需要父母的鼓励和尊重，父母对于孩子的教育应该是自然教育，因为孩子后天展现的一切能力都来自他本源天性的释放。一个孩子只要能在后天的教育过程当中发挥出内在的潜力，就能成为一个优秀的孩子。

给孩子自由成长的空间

想要保护孩子的天性，父母首先应该给孩子提供一个宽松的、开放的、积极的、平等的家庭环境，让孩子自由成长，遵循孩子的天性来做引导。在与孩子的沟通中，发现孩子天性中值得鼓励的地方，同时也发现天性中需要改变的地方。例如，孩子的天性中普遍都有着十分强烈的求知欲和好奇心，这几乎也是其不可改变的特性。因为人的内心有一种根深蒂固的需求，总认为自己是发现者、研究者、探寻者。在儿童的精神世界中，这种需求特别强烈。但如果不向这种需求提供养料，即不积极接触事实和现象，缺乏认识的乐趣，这种需求就会逐渐消失，求知兴趣也与之一起泯灭。

也就是说，父母在孩子表现出强烈求知欲和好奇心的时候，要耐心倾听他的声音，并作出讲解，或者提供一个可供探索的渠道，给他一个自由思考和寻找答案的空间。让他有机会按照自己的想法去生活，这样就可以激发孩子内在的动力，使其能够生活得更独立。

让我们一起看看从下面的事例中能有怎样的收获吧：

媛媛在家的时候总是对一切不明白的事情充满好奇心，总是对爸爸妈妈问这问那，还趁爸爸妈妈不注意的时候拆了家里的一些小电器。爸爸妈妈明白她这个年龄的孩子对所有事情都抱有好奇心，所以从来没有过分干涉她的行为，只是善意地提醒，并且带领孩子一起寻找那些令人捉摸不透的问题的答案，给了媛媛很多的自由，给了她的天性自由发展的空间。所以媛媛从小就有一颗爱思考的头脑，同时有自己的主见，善于创新。因为爸爸妈妈从来不说她"就你跟别人不一样"这样的话来刺激和伤害孩子的好奇心，因为他了解正是这点不一样是最不能扼杀的。

很多时候，父母主观上想要让孩子迅速成长，往往采取一些过于积极的教育措施。尤其是当下的社会，人与人之间的竞争极其激烈，父母恨不能让自己的孩子有"十八般武艺"，给孩子报各种特长班、家教等，总跟孩子说"不能比别人差，可不能输给别人"，从来不问孩子是不是喜欢这样的安排。父母都在这个大的趋势下走着相同的路，打着为孩子好的旗号，结果掠夺了孩子的天性和兴趣。因为这样盲目地跟风，无视孩子的兴趣，不能使孩子按照自己的愿望发展，也极大挫伤了孩子的积极性。总之，父母对孩子管得太多，关注得太多，采取过多的强制措施，是不利于孩子自由、健康、快乐地成长的。

父母对孩子的成长应该与孩子刚学走路的时候一样，父母在旁边辅助，给孩子向前走的空间，同时又不让他过分依靠父母。所以父母应该退后一步，给孩子一定的空间，用不着过分地担惊受怕，也用不着过多地给予呵护。父母只需鼓励尊重孩子，让孩子知道父母相信他，也会随时给予他爱的支持，这种爱才会将孩子最终引向幸福之路。

如何提供给孩子自由成长空间的同时保护好孩子的天性呢？

1. 尊重孩子的选择和意愿。

不替孩子决定他自己的事。如果孩子决定了的事，父母可以提一些参考意见，但不要强求孩子接受，要尊重孩子的选择。在孩子的成长过程中，父母既要收得拢，又要放得开。该提醒的时候就要提醒，该给予自由的时候就要给予自由。我们都熟知的比尔·盖茨的父亲希望儿子能像他一样学习法律，但是比尔·盖茨感兴趣的却是数学和计算机，父母放弃了自己的想法让儿子在学校里自由发展，后来比尔·盖茨放弃学业自己创业，父母也由反对到后来支持，可见父母的信任和适当的放手是对的。

2. 让孩子顺其自然地发展。

父母教育孩子最重要的是因材施教，方向对了才有成效，如果孩子想要的是水而你一直不停地给他干粮，还以为这是关心，这样只会南辕北辙。父母应该在了解孩子的前提下不要过多地干涉孩子，让他顺其自然地发展。孩子不想做的事情一定不要强迫，而应该停下来听听孩子的内心，不要让孩子失去自主权。

3. 给孩子玩的自由。

爱玩是孩子的天性，也是孩子的权利，父母一定要记住不要剥夺孩子快乐玩的自由，否则那是对孩子本真生命的扼杀，对孩子的身心健康都无益。生活中很多父母在孩子玩的时候都要限制，常听到父母说"别抓那个东西，脏"或者"你看你，把身上弄那么脏，下次不准玩了"之类的话，可是孩子自由发展的天性不就是不顾一切、不受限制地玩吗？限制那么多仍是对天性自由的扼杀。孩子不可能按照父母的意愿来玩，父母可以进行指导和帮助，告诉他什么可以玩、什么不能玩，在合理的前提下认同孩子的玩，其次父母也可以在孩子玩的时候了解孩子的兴趣点，提升孩子的创造欲望和玩乐心态。

总之，父母是辅助孩子长大的一个帮手，孩子的路还是要孩子自己来走，父母需要做的就是给孩子自由成长的空间，同时保护孩子的天性。

别说伤害孩子天性的话

父母经常按照自己的目标来塑造孩子，不考虑孩子的实际状况，也不考虑孩子是否需要按父母的想法去塑造。当孩子表现出一定的反抗和叛逆的时候，父母就大发雷霆，认为孩子不孝，认为孩子不理解自己的良苦用心，经常给孩子说很多不经意的话语，殊不知正是这些话语扼杀了孩子的天性。我们经常能在书本和电视节目上看到各种父母对自己孩子的"哭诉",那么我想问这些父母,你们给予孩子的是不是违背孩子天性的?是不是孩子想要的?

那么,现实生活中哪些话父母不应该经常说,因为这些话足以伤害孩子的自尊心和自信心,把孩子身上潜在的追求自由、追求真善美的天性给扼杀了。

1. 父母别总说"不听老人言,吃亏在眼前"。

父母经常给孩子说,"你要听我的话,只有这样才能少走弯路,我走过的桥比你走过的路还多,"等等。父母经常喜欢给小孩子提建议,喜欢给他设计好一切,但是有的时候人生必须走过一定的弯路,必须亲身经历坎坷之后才能有承受困难的力量,父母规划好的人生并不是孩子自己的人生,当他遇到困难的时候很容易被打败。

2. 父母别总说"就你跟大家不一样,别净想那些没用的"。

当孩子天马行空地幻想的时候,经常会说出很多出人意料的话,像那个真性情的小王子一样,认为蛇吃得下一只大象,而成人却只会看成一顶帽子,而对小王子奇幻的想象力嗤之以鼻。现实生活中就有很多这样失落的"小王子",最终因为大人对其个性的泯灭而变成了庸常的小大人,因为父母一句"就你跟别人不一样"的话语,孩子会变得跟每个人一样,逐渐失去了自己的个性。

3. 父母别总说"少管闲事"。

孩子在家庭和学校的教育下会慢慢形成自己的道德意识,看到有人踩草坪会上去劝阻,看到别人打架也可能会上去劝说,认为这是每个人的责任,可是慢慢地家长会告诉孩子"以后少管那些闲事",久而久之,孩子就会丧失这样一种善良的天性,而变成对周围事物漠不关心的人。

4. 父母别总说"养你这孩子有什么用"。

当家长面对孩子不争气的时候总喜欢说"真是没出息,要你有什么用"之类的话,孩子都会有维护自己尊严的天性,而从父母嘴里说出这句话让孩子的自尊心受到伤害,同时对自我价值进行否定,没有自信的孩子更别说去勇敢追求自己天性中美好的东西了,这是十分不利于孩子成长的。

父母在教育孩子的过程中,应该时刻反省自身,不能破坏孩子好不容易树立起来的自我。孩子的成长必须依靠他自己,父母能起到的只是帮扶作用,因为任何人都不能代替孩子成长。对于孩子的天性,父母应该像呵护幼苗一样地进行保护，而不是以保护的名义进行不自知的摧残。

孩子并不是任由父母随意捏塑的"橡皮泥"，每个孩子都有他自己生命的独特性，而且必须依靠自身特性来加以塑造，父母的主观强加对孩子的天性来说可谓一种暴力。

三、 不要让孩子的潜能变"潜水"

对孩子的天性进行保护的同时，父母最大的帮扶作用就体现在对孩子潜能的开掘上。因为后天的努力也起着很大的作用，孩子由于经历有限，对自身所拥有的能力往往不自知，需要父母的细心观察之后，进行引导和开掘。

儿童时期正是各方面发展的关键时期，这一时期潜能的挖掘几乎决定孩子以后一生的智力和潜能水平，所以父母不应忽视。当然，父母在挖掘孩子潜能的时候不要进入一个误区，那就是及早地给孩子报各种培训班，以希望早早地挖掘孩子的潜力。殊不知，如果不了解孩子的话这只能是一种盲目地跟风，对孩子来说未必是一件好事。

有专家提醒各位父母，要明白挖掘潜能的概念，挖掘孩子潜能并不等于学手艺、学技能，而是在保护孩子天性的过程中发挥其优势。让孩子快乐地做自己喜欢的，而不要背负各种沉重的包袱，要以关注儿童的心理健康为重点。

有这样一个事例：

小晴今年 6 岁，她的妈妈暑假的时候给她报了 3 个培训班，分别是书法、大提琴和芭蕾舞。父母生怕她落后于别人，就拼命为小晴报培训班，说要遍地撒网，重点培养。平时妈妈总给小晴说："我们不能输在起跑线上，不能输给别人。"可她一味地随大溜儿，却忽略了小晴口才好、最喜欢相声表演的巨大潜力，只是通过各种培训来挖掘孩子没兴趣的方面，这种缘木求鱼的做法可以说十分普遍。

挖掘孩子天性和潜能并不是在各种培训班里把孩子训练成父母希望的样子，而是了解孩子的真实内心和个性，继而因材施教。父母这种揠苗助长式的良苦用心有时不但起不到积极作用，反而会扼杀孩子潜能，严重时甚至可能使孩子产生叛逆、厌学心理，为人处世没有积极性等消极影响。所以专家劝说父母，真正的天性教育是从儿童的心理出发，观察孩子兴奋点在哪儿，然后积累早期经验，当孩子表现出潜力的时候再进行后天的培训。

对父母来说，对孩子的观察十分重要。父母应该也从自身出发，与孩子一起成长，多关注儿童的内心世界，多与孩子沟通，从而激发孩子的潜能。心理学专家分析称每个孩子都有潜藏的才能，父母挖掘孩子的潜能，为其日后成才打下坚实的基础，才是家长应该做的事情。

让我们一起看看下面这个事例：

亮亮从小就喜欢观察动物。在他 5 岁的时候，有一天晚上他在一个丛林附近听到阵阵没有听过的鸣叫声，他以为是一种鸟叫，就想去看个究竟。旁边的大人开玩笑地吓唬他说，森林里有大灰狼啊，小心吃掉你。他的父母在旁边微笑地看着他，并没有像其他人一样阻止他。亮亮像受到莫大鼓舞似的毫不胆怯地钻进丛林里去寻找答案，结果他发现，发出鸣叫的不是小鸟，而是一种蚂蚱。从此他对昆虫发生了浓厚的兴趣，父母也跟他一起探索大自然的奥秘，使他后来成为学校里小有名气的"小昆虫学家"。

亮亮的父母在这个过程中发现了亮亮身上那股对于未知探索的潜力，并没有扼杀，而是观察孩子的闪光点和兴奋点到底在哪儿，然后再进行后天的引导和培训，这是一种正确的态度。同时家长还要注意从生活、学习中点点滴滴的小事抓起，培养孩子对其身上所具有的潜能的感知度，并将其发扬光大，深化他对于自身优势的认同感，继而一步步走向美好的前程。

那么，父母还应该从哪些方面发现并挖掘孩子的潜力呢？对于孩子应该从哪些方面进行培养呢？

1. 与孩子多沟通，了解孩子的性格趋向与喜好之后，别忘了给他机会多加练习。平时多给孩子提供展现自己特长的机会，有了潜能再加上熟能生巧，有助于孩子树立起信心。

2. 观察孩子日常生活的行为举止，并做记录。对于孩子的喜好憎恶做记录，察觉出孩子也许不爱画画爱音乐，虽没耐性却善创新，这样就可以有方向地对他进行启发和开导。

3. 当孩子做自己喜欢做的事情时，父母应该多鼓励。孩子需要在不断练习的路上才能将自身的潜力稳定下来，鼓励会帮助孩子肯定自我。

4. 父母要有耐心，在给孩子练习机会的同时等待孩子潜能的定型和稳定。父母不要剥夺孩子能够发展潜力的机会。

5. 强化孩子的观察力，利于潜能的开发。好奇和求知是孩子的天性，善于观察周围的世界是孩子的普遍偏好，父母应该在孩子的成长过程中扩大孩子的视野，让孩子写观察日记、多接触大自然、帮孩子确定观察对象等，在观察力的锻炼中发掘孩子的闪光点。

父母在与孩子的接触中，除了要记录要观察之外，还应该正确引导和认定孩子的潜能与爱好之间的不同。例如父母在孩子成长过程中确定孩子喜欢和擅长什么，需要与孩子交流，倾听孩子的内心，可以多问孩子几个问题：你喜欢吗、喜欢什么、讨厌什么、为什么喜欢、为什么讨厌等，从孩子的这些感受中来获得可以成为潜能的因素，鼓励孩子从兴趣出发去学一样东西，从而获得快乐。

父母还要注意，孩子的潜能具有不稳定性，并且很多变，有可能会随时转移自己的兴趣点。父母要做的就是要稳定孩子的兴趣，并且以有趣的方式来调动孩子的潜能。先不要着急把孩子的潜力向着专业的方向发展，例如孩子喜欢音乐，父母就把孩子放到专业的培训中心让孩子从枯燥的发音开始学起，很容易让孩子产生厌倦感，这样反而会埋没孩子的潜能。如果父母能以娱乐化的、有趣的方式来与孩子进行有关音乐的游戏，让孩子享受到过程的有趣性，也许会有意想不到的效果。

爱好与潜能有潜在的联系，但是也有区别。父母要注意区分两者的不同，爱好看电视并不是潜能，但是父母可以试着对其进行转化，对电视情节进行回忆和猜想，激发其记忆和想象潜能。

四、 星星之火可以燎原——孩子的 "兴趣"是火种

兴趣是一个人走向成功大门的钥匙。孩子的兴趣十分重要，因为他的兴趣连着天性，是孩子的生命基础，父母要做的不是去贸然否定孩子的兴趣爱好，而是帮助他更好地发展自己的兴趣，这才是优秀父母该有的责任。

现如今很多父母把孩子的学习成绩看作衡量孩子是否有前途的惟一标准，而把孩子的兴趣爱好看成是无关紧要的事，这是十分不正确的。因为父母除了要教孩子成为一个讲文明、懂礼貌的高素质人才之外，还要懂得如何去发展孩子的兴趣。考试成绩说明不了什么，国家现在都提倡素质教育，就是要强调发现和发展学生的兴趣，并且把这些兴趣发展成为能制造正面效应的能量，从而当孩子长大成年之后，成为未来具有多种能力的建设者。

有这样一个事例：

坤坤跟着爸爸去海底世界玩，对那里的各种鱼类产生了极大的兴趣，不停地问爸爸各种问题，还很认真地听讲解员讲解。爸爸没有忽略这个小细节，因为他想起带孩子去公园的时候，他并没有表现出极大的热情。所以从海底世界出来之后，爸爸给他买了各种资料图书，来解答他提出来的各种疑问，两个人一起探索神奇的海洋世界。不久孩子在看到有关海洋鱼类的电视节目时，就能把相关知识说得头头是道。对于家长普遍让孩子去学习的绘画、音乐等，坤坤并没有表现出像观察海洋鱼类一样的热情，所以爸爸决定不强迫孩子学习那些他没有兴趣的，而是尊重孩子的爱好，专门陪着孩子一起学习他所热心的，同时也给了他一个快乐的童年。事实也教会爸爸一个道理：只有按照孩子正确的兴趣方向进行培养，

才能达到事半功倍的效果。

每个孩子都有属于自己的最佳才能区，每个孩子的闪光点也许孩子本身是不自知的，但是父母一定要注意观察和发现，然后给孩子指明正确的方向，只有这样孩子的兴趣点才能表现出惊人的进步。试想一下，如果父母不关注孩子的兴趣爱好所在，一味地跟随大众报各种培训班，让一个本来能成为发明家的人去绘画，让一个本来能成为舞蹈家的人去练书法，那么不仅会扼杀孩子的积极性，让孩子产生逆反心理，甚至还会泯灭他身上所特有的闪光点。

因此，父母在发现孩子兴趣爱好的时候，需要在实践中多与孩子沟通，多观察，让孩子接触各种各样的知识，鼓励孩子参加广泛的社会实践、积极地表现自己，进而发现孩子身上的兴趣点和亮点。没有机会和平台，孩子无法接触精彩的社会，就无法充分地展现自己的特长，父母就更加无从了解自己的孩子。父母不应该让孩子成为"两耳不闻窗外事，一心只读圣贤书"的书呆子，也不能强迫孩子按照家长设定的方向前进，虽费尽心思，也许并没有效果，甚至在启蒙教育阶段就已经充当了扼杀孩子天性和潜能的"刽子手"。所以有智慧的父母会打开挖掘孩子各种潜能的大门，为孩子打造一个广阔的平台让他做自己喜欢的事情，而父母在旁做一个细微的旁观者，给予友善的帮扶，鼓励孩子在他最感兴趣、最擅长、最专注的领域施展他的兴趣和爱好，父母应该为其创造条件。

面对孩子的兴趣和爱好，父母只要能够做到不要暴力干涉就已经很好了，这样的态度对于孩子来说都是十分珍贵的，因为那样至少给了孩子一个宽松的自由空间。这是父母需要及时自我反省并且注意培养的。

我们一起来看下面这个事例：

有个小女孩一天在家里的大树底下隐蔽的地方发现了一只蝶蛹，看到它正在慢慢地蠕动，似乎想要破开外面的包裹飞出来，于是这个小女孩饶有兴趣地蹲下身子开始观察，还用手表计算着时间。观察正起劲儿呢，妈妈走过来说："一个女孩子，让你跳舞你不好好跳，成天弄这些没用的东西，真是没出息。"说完就生气地走了。小女孩不知道自己有什么错，心里有点儿不是滋味。

孩子的兴趣点需要欣赏、需要鼓励，不管孩子的兴趣点是什么，是否跟自己的期望相一致，父母都应该以极大的热情发现并支持，使其能够发展成为一种能力。案例中的妈妈对于孩子表现出来的兴趣不仅没有欣赏，相反是一种语言暴力式的摧毁，没有对孩子给予一定的尊重，所以对于孩子的成长来说是十分不利的。

　　父母在让孩子广泛涉猎的过程中观察孩子对于不同事物的表现，记录下孩子的兴趣点在哪儿，这样才能发现孩子的最佳才能，然后父母要做的是创造良好条件，鼓励孩子充分发挥优势才能。

五、 尊重天性的同时进行感化教育

随风潜入夜，润物细无声。感化教育的力量总是无形却意义重大的，家庭教育中的感化教育也十分重要。犯错对于孩子来说是避免不了的，甚至是天性中的一种。面对孩子的错误，严肃认真地批评是一种教育方法，但是有时感化教育也同样可以达到教育的目的。

爱玩是孩子的天性，有时天性的发展过于随意，反而影响到孩子的学业，生活中有很多这样的情况出现。那么父母面对这种情况的时候该怎么办呢？一不能限制孩子天性的自由，二又不能耽误孩子的学习。那么父母应该采取什么措施既能维护孩子健康天性的发展，同时又能促进孩子的学习？

我们知道父母不应总是用斥责或惩罚的方式来对待犯错误的孩子，不应该让孩子总是担心自己会受到惩罚，而应该使他在明白自己错误的同时破涕为笑，其效果往往比板起面孔训斥孩子好得多。这种能使孩子破涕为笑的能力就是感化的力量。

丁肇中教授曾说过，我们的教育是要培养和尊重孩子的个性，诱导他去独立思考，扩大他对这个世界的兴趣，不要只围着分数转。但是在我们的实际生活中可以看到，很多孩子天性发展良好，个性突出，却因为学习成绩无法尽如人意而自卑和低落。这时父母就应该在帮助孩子提高学习成绩的同时来进行感化教育，不要让孩子因为要提高学习成绩而泯灭了自身的个性。前苏联的伟大教育家苏霍姆林斯基就曾说："从我手里经过的孩子成千上万，奇怪的是留给我印象最深的并不是无可挑剔的模范孩子，而是别具特点、与众不同的孩子。"父母可以据此告诉孩子，成绩并不等于一切，每个孩子都是这个世界上与众不同的花朵，孩子身上所具有的独一无二的特点才是最珍贵的。

在家庭里，幽默是一种行之有效的、不可忽视的感化手段，幽默感还可以感染孩子。在一个充满幽默欢笑的家庭里，孩子就会变得活泼、热情、开朗。目前，西方国家的教育机构相当重视对孩子幽默感的培养。作为对孩子进行启蒙教育的父母，与子女开些善意的玩笑，鼓励孩子说些健康的俏皮话，用幽默的方法教育孩子，是十分有益的。儿童心理学家认为，这绝非逗乐，而是在培养孩子健康快乐的个性。

父母可以用幽默的方式来缓解孩子的压力，跟孩子说"再差的孩子也有某方面的特长或优势"，父母要认识到孩子身上的闪光点，他在学习上可能不够优秀，但是在体育、音乐或美术方面却有着巨大的潜能，父母应该从谆谆善诱中给予孩子充分的肯定。与此同时，能够帮助孩子克服学习上的缺点，调整学习计划和学习方法，试着树立起孩子在学习上的自信。

家庭里轻松的环境和氛围也十分重要，是父母进行感化教育的前提。对于孩子来说，父母不应该吝啬好话，积极的评价能给孩子的进取之心再添一把力，使孩子能够重新找回自信，获取克服缺点的勇气和信心。在轻松的家庭氛围中，用幽默和笑声化解父母与子女之间的压抑情绪，同时让子女在笑声中娱乐身心，达到寓教于乐的目的。沟通是最好的感化方式，父母和子女之间应该建立平等、友好、愉快的关系，开展批评与自我批评的活动。

面对孩子的退步和犯错，父母不应该打骂，而应该进行感化式的教育，例如可以从肢体上用手抚摸孩子的头部，给予孩子勇气和温暖；可以从语言上给予孩子信心，父母可以说"没关系，我们再来一次"，或者说"来让爸爸妈妈一起看看你错在哪里，改掉就可以进步"；也可以从整体营造好家庭的氛围，让孩子感受到不被孤立的温暖等。这些都是父母努力从各个方面来对孩子进行感化的方式，在这种方式下，既可以尊重孩子的天性，同时也给予孩子在某些不足上加以改正的信心。

　　父母要站在孩子的立场上进行感化，没有刻意的教育方法，只是一句俯在他耳边的悄悄话，只是一个大手拉小手的小游戏，我们也许只是转变了一个孩子，而孩子赢得的却是他的一生。

第五章
好父母培养好孩子的"学习之道"

做家长的都希望自己的孩子学习优秀，能够拥有独立的人格、良好的道德、独特的个性，长大能够独当一面，成为有用的人。但是很多家长认为让孩子学习好是根本前提，而且错误地认为想要学习好就得钻到课本里埋头苦读，这才是成为"好学生"的正途。

对于孩子来说，重要的不只是学习成绩，而是会学习的能力。会学习的能力是父母培养孩子的重要方向，因为真正有用的人是那些有理想、有道德、有知识的人，是那些会终身学习的人。因此教会孩子学习比教会孩子做题更有价值，只有具备学习的能力才能完成独立自我的塑造，才能更好地成长。

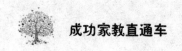

一、 找出孩子学习困难的病根

生活中很多父母都有这样的烦恼，那就是孩子的学习成绩怎么都上不去，不知道该怎么办，心里发愁又无从下手，周末的时候给孩子报各种补习班也没有用。但是在跟孩子讲道理的时候，他又什么都明白，一旦落实到实际行动上，就又困难重重。

提高孩子爱学习的积极性，首先要做的就是找出孩子在学习过程中遇到的困难，只有找出病根，才可能对症下药。很多孩子在学习的时候，凭借的都是最浅显、最直观的感受，例如，因为喜欢看小说、读故事，所以就喜欢学语文，或者因为喜欢数学老师所以数学好，再或者因为成绩不好而受到父母责骂，从而产生逆反心理，或者由于注意力不集中等，很多种情况都可能影响孩子的学习状态。因此父母首先要做的，就是对孩子的观察和沟通，深入了解孩子在学习方面有困难的原因是什么。

通常，除了上面几种可能性之外，孩子不喜欢学习的原因，还可能是因为没有自信，或者没有掌握好属于自己的学习方法，或者自己粗心大意，再或者没有受到老师和父母的认可而产生怠学心理，或者对学习提不起兴趣。

在父母摸清楚孩子学习方面的困难之后，才能够针对问题提出解决的方案，否则就像盲人摸象一般，盲目且没有任何成效。有一句话说得好，孩子如果进步不明显，是因为教育方法不适合自己的孩子，不是孩子难教育。所以，在面对孩子学习困难的这个问题上，父母有责任提高自己认识孩子的能力。

我们常听到父母和老师对孩子说，"你怎么这么不认真，你是给我学吗，这么应付？"其实有心理学家分析过，孩子很小的时候自我意识不够强烈，而反复学习的这个过程对于孩子短暂性行为的天性来说，很难有深切的体会。所以他很大程度上认为学习确实不是为了自己能怎样怎样，而是为了得到父母和老师的认可，是为了提升自己的成就感和在父母或老师心目中的地位。

有这么一个事例：

一个朋友的女儿上小学三年级，之前学习成绩很好，各项学习成绩都能达到优秀，父母嘴上不说但心里还是挺高兴的。后来过了一个学期不知道怎么回事，女儿的状态呈现180度大转弯。朋友很是苦恼，跟我说："这孩子也不知道怎么了，原来英语很好的，现在几乎说不出一个完整的句子了，数学也总粗心算错，还有我总感觉她干什么都提不起精神，回到家也不像以前一样先做完作业再看电视，而现在不是看电视就是上网，说了也不听，我们怕她思想上有负担，就没敢给她施加太大压力，但是心里可真着急啊。"后来我找了一个机会跟她女儿聊了聊天，才明白怎么回事。她女儿跟我说："阿姨，我觉得学习很没意思，因为每次不管考试考得好不好，爸爸妈妈都不表示态度，从来没说过表扬我的话，我就觉得白学了，每次拿作业给爸爸妈妈看的时候他总是推来推去，这个说让你妈看，那个说让你爸看，我忙着呢，我就觉得学习很没劲。而且我们英语老师也换了，上课一点意思也没有，我就学不进去了，也懒得去听了。"我表示理解地点了点头，跟她说："学习都是为我们自己的，英语老师你不喜欢但是不应该让这个因素影响到你原来的好成绩啊，那样岂不是可惜了，你要试着发现这个老师身上的亮点，为己所用。"随后跟我这个朋友说明了情况，朋友恍然大悟地说："我们嘴上不说是害怕孩子产生骄傲心理，其实我们对孩子的进步是很高兴的。"我说："孩子就需要鼓励，得让孩子知道她在学习上的任何一点进步和挫折你都是看在眼里、放在心上的，并且永远跟她站在一起，那样孩子在学习的过程中才能有动力。"

孩子不喜欢什么样的家长呢？有人说是那种管得过多、管得过细、管得过频、管得过死的家长，从上面的案例中我们也看到还有一种就是管得过松的家长，这个"松"也许是给孩子的一个错觉，但是父母也应该注意，平时多关注孩子的想法，多了解孩子学习的状况，不要施加压力，不要恶意推断，也不要武断孩子学习退步的原因，更不应该不明事理地命令孩子学习，应该让孩子感觉到你的关心，并乐意跟他一起成长，一起面对和解决学习中的困难，这样他才能感觉到温暖，而后才能有力量继续学习。

由上可见，孩子除了学习上的问题，病因有时候还出在孩子的情感那里。父母应该在生活中与孩子沟通，了解孩子的情感，了解孩子的心理，继而才能了解到孩子的学习状态，找出学习困难的原因。

有专家说，学习成绩是孩子成长的冰山一角，冰山下面是人的性格和身体，性格和身体是学习成绩的两个支点。因此，父母应该多关注冰山下面的部分，找对原因，才能走向成功。

二、 正确引导孩子由"厌学"变"爱学"

《知心姐姐》杂志曾做过一次有关中小学生苦恼的调查，共收到问卷5782份。结果发现，在造成中小学生苦恼的六大因素中，学习和考试占了72.26%。在另外一份调查中，竟然也发现有50%的初中生和近70%的小学生对学习没有太大兴趣，甚至出现"厌学综合征"。

虽然国家实行了一系列的教育减负政策，但是现代社会中孩子面临学习的烦恼还是越来越多，也不知道该如何面对今天的学习，在所有的关于中小学生学习的调查中我们都可以看到青少年厌学的现象越来越普遍，这种"现代疾病"不仅发生在学习跟不上的孩子身上，而且也发生在很多学习不错的孩子身上。面对这种情况，我们做父母的应该怎么办呢？

日常生活中，我们也经常能够看到，孩子和家长之间最大的矛盾冲突就在学习上。那么所谓的厌学是什么反应呢？我们身为父母可以对号入座，观察一下自己的孩子是否出现过这种状况。厌学的孩子经常一进学校就犯困，总想睡觉，有些同学还可能伴有神经性反应，严重的会出现拉肚子、低烧、头晕、胸闷等症状，只要听到可以不用上学的话，就会很快好起来。孩子有时会用一些方式来摆脱对学习的厌倦，例如沉迷网络游戏等，这些都是一些表面的征兆，父母需要做些努力让孩子从"厌学"的状态走向"爱学"。

厌学可以说是一种消极的状态，厌学的孩子从心理上排斥学习，那么就无法获得知识的储备，如果严重的话会影响孩子的人生态度，这一点需要引起父母的高度重视。

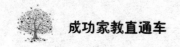

是什么诱发"厌学综合征"

厌学最重要的原因就是孩子对于学习提不起兴趣，没有动机来促使自己发愤，同时贪玩好动的天性使得他的学习生活变得无法集中，孩子也就经常处于一种"打一鞭子走一步"的被动状态，根本无法体会到学习的乐趣。

还有一种情况就是学生本身受到一些消极观念的影响，例如家庭或者社会的一些不良言说等，让孩子认为读书无大用，如很多家长用一种功利化的思想去误导孩子，认为能赚大钱就行，读不读书没关系，这些错误思想在孩子单纯的脑海里留下了印记，使得孩子厌学而追求享乐。在这种情况下那些学校老师的谆谆善诱、苦口婆心等能起的作用很小，使得改变孩子逃避学习的可能性变小。

父母应该认真反省，观察并总结孩子出现厌学情绪的原因，然后才能慢慢引导，才能引对方向。孩子厌学的原因通常还有以下几个方面可供参考。

1. 孩子天性的发展时期，对坚持一件事情的持久性差，容易动摇，对于学习的兴趣容易转移到自己喜欢的事情上来。

在天性的发展处于一个兴奋点的时候，对于学习的兴趣很容易因为其程序的重复而慢慢动摇，外界任何使他感到新鲜的东西都可以转移其注意力。例如很多孩子对于网络、游戏、录像的沉迷，使得他把精力都荒废在这些东西上，对于学习的热情就会大大减少，同时精神状况也会受到影响，上课萎靡不振、昏昏欲睡，学习的效率自然就低了。

2. 由于学习方法不恰当，孩子在经过努力之后仍旧没有效果，反复的失败让孩子失去学习的信心，从而产生悲观情绪，开始排斥学习。

当孩子在寻求正确的学习方法时，在付出而没有得到相应的回报时，心理就会受到影响。这时父母的鼓励和肯定至关重要，因为孩子很少体验到成功的感觉，这种屡战屡败的滋味很容易让孩子陷入一种自我否定的困境，他会认为自己"天生就不适合学习"，会认为自己"能力低下，不是块学习的料"，于是放弃就理所当然了。如果这个时候，父母也忽略孩子，也从不曾关注孩子的状态而是一味地施加压力和强求成功，那么只会把孩子逼得走向极端，甚至在厌学的情绪中丧失自尊心。

3. 家庭氛围的不和谐影响孩子的学习情绪。

生活中很多事例都表明，家庭环境的营造对于一个孩子的学习和成长至关重要。家庭和睦的孩子比较容易集中精力学习，而且性格相对较好。对于父母离异、家庭破碎的孩子来说，性情孤僻、情感缺失严重，他很难从本来就辛苦的学习中获得心灵上的慰藉，所以经常追求很多能填补内心情感缺陷的事情来达到心理的满足，例如广交社会朋友，易受不良因素影响，这些东西分散了他学习的精力，对学习就越来越没有兴趣。

4. 父母过高的期望以及过重的学习负担给孩子的压力很大。

每个父母都有一颗"望子成龙、望女成凤"的心，他把这种期望强加给孩子，希望他能够成为最优秀的人才，用很多不切实际的标准来要求他，当孩子达不到标准的时候就丧失对孩子的信心，同时用各种沉重的理由来逼迫孩子前进，例如拿孩子跟他的同学比，总认为自己孩子不如别人的孩子，有时还用"只有好好学习才能找到一个好工作"之类的话来施压，再加上学校的课业负担沉重，占用了自己的双休日，很容易让人对学习产生厌倦感。

5. 对老师的情感排斥使得孩子产生厌学心理。

学生有时会因为对一位老师的不满而对他讲的课提不起兴趣，有时会容易受自己主观情感偏向的影响，不善于控制，常常会故意不学习，时间久了就跟不上了，直到丧失了学习的兴趣。

最重要的是父母要学会与孩子像朋友一样地多沟通交流，关注孩子的各方面成长，不要用家长的权威来驾驭和命令孩子去学习，应在尊重孩子的前提下了解孩子出现在学习上的问题，只有你开诚布公地对待孩子，才有可能获得孩子的真心，孩子才有可能跟你真心实意地说问题，并渴望与你一起解决。

如何变"厌学"为"爱学"

只有当一个人是真心喜欢一件事情的时候，才会把它做好。学习也是如此，只有当孩子把学习当成一种乐趣的时候，才能真正地变得爱学习。这个转变怎么发生，通常是需要父母来做积极的引导的。

很多优秀的孩子是那种既学习好又心态好的孩子，他的一个共同点就是有着不停地鼓励自己的父母，他的父母不一定是文化水平很高的人，但是却能够做到在孩子面前保持一定合理的期望值，不论对于学习还是生活，都能给孩子以舒服的状态，对于孩子学习上的问题也能够较理性地分析，帮助孩子战胜学习中的困难，培养学习中的兴趣。

那么父母该怎么做才能提高孩子的学习兴趣，让孩子变得爱学习呢？

首先，让孩子改变学习态度。厌学的孩子对于学习是一种散漫的消极态度，父母应该了解孩子的心理，设法让孩子将学习变成一个有趣的过程，那么就可以增加孩子学习的兴趣。例如父母在孩子回到家之后可以变着方式对孩子的学业进行考察，利用图像、视频、发散性思维的问题开发并结合孩子平时生活里的兴趣点来进行寓教于乐，可以用脑筋急转弯、快速抢答等方式来考察孩子的学习内容，让孩子从中体会到学习的趣味性，从而达到端正孩子学习态度的目的。

其次，培养孩子的注意力，引发孩子的学习兴趣。引起孩子注意的事物，往往体现新奇性、形象性、矛盾性、变化性、对比性等特点，它们刺激人的感官，会引起人的兴趣与关注，进而接近、了解未知事物，解决新问题。因此，可以采取丰富多样的方法，设置各种巧妙的情景，不断呈现事物的这些特性，努力将孩子的注意力牢牢吸引住。父母可以帮助孩子扩大阅读范围、增加阅读量，并且在与孩子一起读书的过程中，使孩子读有所值，读有所乐，逐渐学会从知识中寻找到可令他感到新奇的、喜欢的内容，从而提高学习兴趣。

最后，帮助孩子找到适合自己的学习方法。学习是需要方法的，父母要帮助孩子理解各个学科的关键点以及重难点，发挥孩子的想象力，加上联想记忆法等方法将知识灵活化，遵循"理解、记忆、应用"这三个基本流程，按照这个方法来进行学科的认知，同时强化知识与生活的联系，多给孩子举例子帮助记忆，这样可以提高学生对于知识价值的认识，学起来相对得心应手。

当然父母能做的还有为孩子建立一个良好的学习环境，当孩子在家的时候，父母尽量给孩子一个和谐安逸的环境，多给予孩子鼓励和信心，因为情感教育也是化解厌学心理的良药，孩子会觉得学好了才能让爸爸妈妈高兴，从而对学习用心，久而久之会把学习变成一种主动的"我要学"，而不是被动的"要我学"。

　　父母也可以帮助孩子根据实际情况调整适合自己的期望值和目标，尽量减少挫折，不要让孩子在挫败感中把刚建立起来的学习兴趣又磨掉了，让孩子在遇到学习困难时找到适合的方法进行解压。

三、 强化孩子学习的成就感

对于家长来说，应该爱护孩子身上表现出来的那种成功的感觉。厌学其实归根到底就是因为孩子在学习上没有成就感，如果他要是有成就感的话，就会不断地努力。

强化孩子学习的成就感，孩子就会慢慢地找到学习的感觉，会去寻找自己学习的乐趣。这样会提高孩子学习的动力，即使没有时间也会去挤时间学的，这就是成就感的力量。孩子为什么会在厌学的时候跑到游戏厅去打游戏呢？就是因为他在现实生活中遇到了挫折，但是在那个虚拟的世界里能够找到可以令他骄傲的成就感，所以他才迷恋。

当孩子面对一道难以解答的数学题苦思冥想、到最后终于茅塞顿开时是孩子最有成就感的时候，因为他经历了困难并且最终战胜了困难，所以这个时候的父母应该顺势肯定孩子的成就感，给予他更多的信心和鼓励，这时他就会想着继续战胜另一个难题，此时父母千万不能说，花了这么长时间才解出来，有什么可骄傲的。这是对孩子积极性和成就感最大的打击。

当一个孩子在学习上受到鼓励、获得成就感的时候，相应地在生活中也会因此而增加信心。其实孩子对很多事情在刚开始的时候都是有兴趣的，这时父母应该抓住这份热情培养他形成好的习惯，等到孩子有些气馁的时候，父母可以多加鼓励，借此让孩子明白一种好的学习习惯能够使他获得成功。所以，在培养孩子兴趣的过程中，要给孩子一个机会，让他自己去品味，真正靠自己获得一种成就感，这样的感觉是十分美妙的，可以提高他的兴致。而且，兴趣可以从学习和生活的很多细枝末节处来进行培养，在这些兴趣中找到感觉和成就感，就能找到自信和勇气。

父母培养孩子兴趣的时候，应该注意从小处肯定孩子学习上的进步，从小细节处给予关注，那么孩子会提高得很快，会有成就感，在一个又一个成就感的累积过程中获得质的进步。

有这样一个事例：

小佳在查过各种资料之后，终于把老师留下的作业写完了。她长吁了一口气，这时妈妈走进她的屋子，给她端了一杯开水，她一边喝水一边跟妈妈说她在做作业时遇到的什么麻烦之类的话，妈妈紧跟着就说："但是你还是完成了，还是做到了，我们小佳真棒。作业写得这么整齐，看得出来是用过心的，进步真大，比上次的作业好多了。"小佳听过之后，很有成就感，接着就跟妈妈说："那我就再把今天学习的内容复习一遍，然后把明天老师要讲的内容预习一下吧，明天听讲就容易一些了。"妈妈说："做得对，这就叫'学而时习之，不亦说乎'，温故才能知新嘛，加油吧小佳。"小佳狠狠地点了点头。

案例中的妈妈能够从小处肯定孩子的作业，并且能和之前的作业情况做对比认可孩子的进步，这就给了孩子成就感，同时激发了孩子还要继续复习和预习的学习劲头。可见，父母强化孩子学习的成就感十分重要。

父母应该学会从低起点，也就是从基础知识的小处入手，肯定孩子的成就，那么他就会成长得比较快。基础性的东西孩子容易消化，容易树立自信心，在树立起自信心的同时让他尝到甜头，因为对于孩子来说最重要的是通过自己的努力上一个台阶，够得着果子，那样的果子才是最甜的，当尝过最甜的果子之后，会想着用更大的努力来获得更多的果子，这样就会更带劲。这种在低起点、小进步的前提下受到的鼓舞和肯定对于孩子来说最易培养成就感，进步也最快。这是阶梯教育的一部分，父母在不同的阶梯处找到适合孩子水平的教育，这对于孩子成就感的获得来说是必需的。

我们都知道，成功可以起到正强化的作用，所以父母经常给孩子愉快的刺激，也就是强化孩子的成就感，有助于推动学生积极主动地学习，防止挫败感、自卑感的产生。

父母应该怎么强化孩子学习的成就感呢？我们可以从以下几个方面做出尝试。

1. 创造成功机会，让孩子在学习比较占优势的方面获得表现的机会，并且及时给予表扬，对于不足的地方要帮着一起应对，摆脱对学习的沉重感。例如孩子记英语单词，有的记得比较清楚，有的就比较模糊，父母可以在抽查孩子背单词的时候先专挑孩子记得比较清楚的单词来强化孩子在记忆过程中的成就感，并表现出惊喜的态度，对于印象不太深的单词父母可以帮助孩子一起记忆，引导孩子联想记忆，用一种幽默轻松的方式互相考核，或者父母和孩子一起比赛，看谁记得清楚，在跟孩子比赛过程中，自己可以稍显劣势，以突出孩子的记忆力，从而强化孩子"我比妈妈聪明"的自信感和成就感。

2. 帮助孩子确立一个自我参照和对比的目标，促使孩子从自身变化中认同自己的成功。刚开始可以帮孩子降低学习目标，低起点、慢步子、分层次是使不同类型孩子获得成功的重要途径。目标相对较低，孩子更容易达到，达到之后就更容易察觉到自身的进步，进而体验到成功的快乐。

3. 及时给予孩子奖励。对于孩子来说，奖励可以说是最愉快的刺激，心理学家认为奖励能够增加个体积极反应发生的概率，一个小小的成功对孩子来说都是一种奖励，父母对待孩子的成功，应该不要只限于最终的结果上，而是要看到这个过程中每一个小小的进步和细节，并且要重视起来。如果忽略这些小的成就不进行强化的话，那么孩子的学习热情很可能就会消失，所以孩子需要父母时时的精神奖励，使孩子获得积极的满足感和自豪感。

肯定孩子一个小小的成就，就是对孩子走向成功的一次积极的暗示。孩子需要被发现，而发现的力量就来自父母对于孩子成就的认可和鼓励。父母对孩子积极的暗示一旦形成，就如同风帆灌满了风，会帮助孩子走向成功的大门。

金玉良言

父母对孩子成就的认可是促使孩子成才的有效力量，注意从细节抓起，培养孩子的优良习惯，强化孩子学习的成就感，孩子就能慢慢养成自学、自立的好习惯。

四、 有好的学习方法，就有好成绩和高效率

现在有句话说，这是一个拖延症蔓延的时代。很多孩子似乎也都受到了影响，很多父母表示自家的孩子干什么总磨蹭，没有时间观念，学习、做事效率慢，作业总是拖到大半夜才能写完。这一方面说明孩子没有自制力，另一方面也说明孩子掌握的学习方法可能不对，使得学习效率变低。其实，很多父母不知道，也许还有另外一个原因，那就是很可能是孩子想出来的拖延妙招，很多孩子说，因为作业如果很快写完的话，妈妈又会给他布置新的作业，所以就玩一会儿写一会儿，这样就不用再写妈妈的那份作业了。

为了提高孩子的学习效率，在他开始写作业之前，父母可以根据作业量跟孩子规定一下合理的时间，并且要让他慢慢养成自我督促的习惯。当然，父母应该允诺孩子在完成该完成的作业之后，自己保证不给孩子施加额外的作业，要把剩余的时间都交给孩子，这样他就会抓紧时间完成任务，用更多的时间来计划自己喜欢的事情，就会提高自己的学习效率，而不会养成凡事拖沓延误的习惯。

父母平时要鼓励孩子把作业当做考试来对待，养成在规定时间内完成一定作业量的习惯，写作业之前放一个闹钟在旁边，用考试的心态来面对作业，可以集中孩子的注意力，端正孩子做作业的态度，提升效率，而且平时考试的时候也不会过分紧张，影响发挥。

帮孩子找到适合自己的学习方法

父母有时看到孩子找不到学习的方法感到焦虑时，就开始效仿别人的学习方法，但是有时别人的不一定适合自己的孩子，同样的学习内容也许他用自己的方

法记得很快，而你不一定适用，因为适合自己的鞋子穿起来才是最舒服的。学习不能用太死板太僵硬的办法，应该结合自己的个人特色来进行，才能达到为我所用的目的。

孩子在为学习迷茫的时候，父母有责任拉孩子一把，帮助孩子从杂乱的学习状态中走出来，找到一条属于自己的学习之路。

1. 启发孩子思考并提出问题。不仅要勤问，而且还要善问。就是说不能有问题就去问，这样会降低孩子独立思考的能力；也不能"问走偏锋"，问题太极端、太偏执。父母可以教孩子一种提问题的好办法：列出问题清单，把自己不能解决的问题归纳整理出来，集中去问老师。这样既有针对性，又节省时间。

2. 引领孩子多反省学习中的不足。父母应该引导孩子时常回想自己的行为，检查自己的错误，反省的重点是发现错误、分析错误、解决错误，学习成绩的好坏从根本上取决于孩子对自身认识的程度。所以父母应该带领孩子在一天的学习结束之后进行反省，可以从以下几个方面进行：想一想当天什么事情做得好，什么做得不好，好和不好的原因在哪，明天怎么改正等，在每天的反省中认识到自己的不足，然后才能有进步。

3. 灵活运用头脑，不死记硬背，从书本中培养想象力和思考力。当孩子有了思考力和想象力的时候，对学习方法的培养是水到渠成的，所以父母应该培养孩子多读书。有教育学家指出，对善于思考的学生来说，他在脑力劳动上所花的时间，大约有1/3用在阅读教科书上，而2/3用在阅读非必修的书籍上。因为思考习惯的形成，在决定性的问题上是取决于非必修的阅读的。如果一个学生只读教科书，把全部时间都花费在必修课上，那么学习对他来说就会变成不堪忍受的负担，并由此而产生许许多多的问题。

4. 帮助孩子在重复中理解并掌握知识。熟能生巧永远是最实用的方法，当然孩子要注意科学地进行重复，要注意点滴积累，人的记忆会有遗忘性，对于学过的知识应该不断地重复识记，才能深刻在记忆深处。

5. 帮助孩子建立知识树形图。有的孩子对于自己所学的知识清浊不分，会的和不会的、重要的和次要的、"本"知识和"枝"知识全像乱麻一样混在一起，这样就不容易融会贯通，且易遗漏知识点。所以父母要教孩子如何把自己的知识点按照树的形状来体现，用树干、树枝、树叶、果实等元素将知识点依据其从属关系，反映出整个知识系统。"本"知识放在"树根"和"树干"上，派生的知识放在"树枝"上。这样就懂得把每次学到的知识处于整体的什么位置，与邻近的知识点有何区别和联系，也容易把握学习规律，掌握逻辑关系。

提高学习效率的方法

对于孩子来说，拖延时间似乎是一种通病，很多家长都抱怨自己的孩子注意力不集中，学习效率低。即使是很多看上去总是很努力的孩子，在考试的时候仍然不理想，花费了很长时间来学习，但是却没有达到效果，因为时间都浪费在了不相关的事情上。

父母要给孩子积极的影响，在提高孩子学习效率的过程中，父母的影响是十分重要的，因为学习是需要注意力高度集中的，当孩子在学习的时候，父母要注意营造一个安静的环境，不要分散孩子的注意力。

从下面这个事例，我们可以看出父母对孩子学习效率的高低有着多大的影响。

有一个孩子各门功课都很优秀，玩的时间也很充裕，既保证了学习上的动力也保证了玩的快乐。有人问他为什么学习那么好，他说因为他学习的时候很投入，很享受那种专注的过程，从来不分心。他为什么能做到那样呢？后来调查才发现，父母的影响十分重要，他的爸爸是一个学者，经常要做研究，非常专心，经常是喊他吃饭他都听不见。而且当孩子在学习的时候，父母在客厅里也不看电视，甚至不大声说话，努力为孩子营造一个良好的学习氛围。所以这个孩子从小的时候就看着爸爸那样专心，跟着爸爸学，小朋友叫他去玩的时候，他就说我还没写完作业呢，写完再去，久而久之就养成了专注的好习惯。

从上面的案例可以看出，父母对于孩子学习效率的影响是很大的，试想一下，孩子在自己的房间里写作业，父母在客厅里把电视声音开得很大，或者打麻将、大声说话，这种情况下孩子的注意力能集中吗？学习效率能高吗？

对于父母来说平时要强调孩子的专注性，因为专注性是提高学习效率的前提，不要动不动就说孩子有多动症，说孩子坐不了几分钟就动来动去的，因为这些话对孩子的印象来说是一种塑造性，时间久了孩子就会这么想自己，就会更难安下心来养成专注的习惯。父母强调孩子的专注性是说平时要多表扬孩子，做事情多好、多专注，你越表扬他就越专注，因为你给了他一个正面的形象。所以父母要尽量把孩子正面的形象描述得具体一点，让孩子多接触正面信息，孩子会自动地这样认定自我，就会在学习上多一点耐心和注意力，从而提高学习效率。

每个人的学习效率都不太一样，但是提高学习效率还是有一个原则性的，只要跟随着这一条线，相信父母都能够帮助孩子提高学习效率。

1. 集中孩子的注意力。父母可以帮孩子准备几十道简单的加减法口算题（根据年级不同，难度可以不同）。规定1分钟，看孩子最多能做多少道题。让孩子感觉到1分钟都能做十多道小题，而自己写作业的时候，几分钟也写不出一道小题。让孩子觉得1分钟可以做很多事情，节约时间，同时提高孩子的做题速度，这样每天训练，在训练的时候注意记录孩子的成绩，进行前后对比，养成习惯之后就可提高学习效率。有些孩子说，我边看电视还可以边写作业，边写作业还可以边听歌，反正作业也是100分，学习效率很高。其实学习是一个很严肃的过程，不能三心二意，一旦分心就很难进入学习状态，这些一边学习一边玩耍的孩子只是用暂时的记忆力维持在一个兴奋点，那些记忆并没有进入到深层记忆中，仍然不是一种高效率的表现。

2. 父母别逼孩子，要善于表扬。被动学习的效果是最差的，现在很多孩子学习，都是因为父母在背后"威逼利诱"。没有体会到学习的乐趣，就没有效率可言，只有发现学习的兴趣，变被动为主动，才能够体会到学习的快乐，进而提高效率。父母的逼迫对孩子来说就是一种被动学习，结果越催促，孩子动作越慢，家长越生气，就越起到反作用。父母应该表扬孩子的速度，例如刚开始可以给孩子出几道简单的题，给1分钟或2分钟，孩子会很快做好，父母要表现出很惊喜的样子："还不到1分钟呢！"平时也要注意随时观察孩子在生活中的表现，对做得快的事情立即表扬。"现在穿衣服快多了"、"现在收拾书包快多了"等，但千万不要说成"现在穿衣服快多了！如果写作业也这样快就好了"。只表扬，不提孩子做得不足的地方。通过表扬，会激发孩子内在的动力。

3. 观察孩子学习状态，把握学习生物钟。每个孩子学习的最佳时间都不同，有的孩子早上状态好，而有的孩子晚上状态好，但一般来说正常人在上午8点的时候大脑最清醒，也比较有缜密的思考能力；下午3点的时候，思考能力达到最好效果；晚上8点的时候，记忆力是最好的时候。根据这条学习生物钟规律，父母可以适当地给孩子安排一下学习时间，例如早上可以读书或者背课文，晚上加强巩固等。只要适当地把学习安排在合适的时候做就可以了。

4. 帮助孩子制订学习计划，不能随心所欲。学习是一件需要计划性去考虑的事情，针对不同的科目，要有不同的计划和目标。只有安排好了计划和目标，才能够适当地让孩子和父母了解学习的状况，适当地提高学习效率。父母应该帮助孩子以星期/月/年为计划周期，让孩子在适当的时间内做适当的事情，只有这样循序渐进，孩子才会养成一个良好的学习习惯。如果孩子没有计划和目标，而是随心所欲，翻到哪里就看哪里，这样的学习习惯和学习态度，怎么可能会有学习效率呢？所以说，安排好学习计划，对提高学习效率有很大的好处。父母应该在孩子还没有养成坏习惯的时候适时插入，帮助孩子养成做计划的习惯。

学习是有方法可言的，父母还应该在帮孩子摸索学习方法的过程中提高学习效率。如果没有好的学习方法就是在花费时间做无用功，父母通过自己平常的经验或者是资料的指导，告诉孩子应该如何去预习、复习、背诵、整理课业等，帮助孩子从小养成一个良好的学习态度和学习方式。

对于孩子学习的低效率，父母要用耐心和爱心帮孩子逐步改正，不能操之过急，要注意总结方式方法，不断提高孩子的学习效率。

五、 孩子考试成绩如何提高

对于孩子来说，考试是一场集智力与心理的大比拼。每个孩子都想考出好成绩，得到老师和父母的认可，可是有的时候因为各种因素不能如愿，例如无法克服紧张情绪、身体耐力无法支撑等。父母面对孩子的考试成绩，也是有喜有忧，对于很多家长来说，如何提高孩子的学习成绩就成了他十分关心的问题。想要让自己的孩子在考试中取得好成绩，首先应该了解孩子在考前的准备和心理变化是怎样的，才能够对孩子进行心理疏导，进而发挥作用。当然，考试不仅仅是学习内容那么简单，而是一项综合素质的考察。

那么，父母应该了解考试主要是考孩子哪些方面的能力，有心理学家指出以下四点：

1. 探究知识的能力和对知识的掌握情况。
2. 利用知识解决问题的能力。
3. 心理素质（不慌张不粗心）。
4. 身体耐力（不疲劳不头晕）。

所以父母应该从以上几个方面去提高孩子的考试成绩，只有掌握孩子的心理，才能给出合理的考试建议和心理辅导。

孩子在考试之前，心理会有一些相应的变化，有不少孩子害怕考不好，害怕失败后父母的责骂，还有孩子在考前已经给了自己很大的压力，压力来源于对考试内容的未知，心中充满疑惑，也有孩子想要通过考试得到老师父母的认可等。父母对于孩子考前的心理调节负有一定的责任，要知道孩子考前的紧张情绪是十分正常的，要帮助孩子疏导。

对于知识的掌握以及对于解决知识难题的能力，可以说靠的是平时孩子的勤奋努力以及父母的协助，对于孩子身体和心理的健康，也是需要父母进行辅导的。

帮助孩子克服紧张情绪

美国伊利诺伊大学肯尼迪·希尔教授研究学生的考试紧张症已经 25 年了，他说，在初等学校，1/4 的学生考试紧张，导致他完成试题的能力低于他的实际能力。同时我们可以看出，考试之前的紧张是非常普遍的，尤其是在一些大考面前，但是心理专家告诉我们考试紧张是可以克服的，孩子也应该学会用好的心态进行考试。

孩子进行考试之前，通常会有两种担心和紧张：一种是因为总觉得自己哪门功课复习得不好，还有很多知识点没有掌握，越到考试前越觉得什么都没掌握，还会想到考不好以后怎么面对老师和家长的问题；另一种是只要想到考试就害怕，好像对考试有一种天然的恐惧症。父母应该明白这一点，孩子到底是哪种情况的紧张，才能进行开导。可以说人生有很多不同的大大小小的考试，只要父母能够开导孩子不要过分重视考试的结果，只要过程是完美的，就无愧于自己了，把考试当成一种考验，只要心态上能够放平衡，那么对于孩子来说，已经是一种成功了。

父母首先不要把孩子考试的结果看得十分重要，只要孩子过程是努力的，就要对他加以肯定。不要催逼或暗示孩子在重要考试中取得好成绩，这样做反而会使他考得更糟，如果孩子是抱着"如果我不能通过这次考试，我父母会气愤"的思想参加考试，将会分散他的注意力，降低他的考分。考试中发挥得好的学生一般都是得到父母支持和理解的学生。这些学生懂得考试固然是重要的，但绝不是决一死战。任何分数都不可能预言你的孩子将是一个成功者。没有任何考试能完全测试出一个孩子的创造力、毅力和在将来漫长的竞争中会获得成功。事实证明，孩子所具有的创造力、毅力等品质将比任何考试都重要。

在每年高考、中考的时候，都能在网上看到很多父母因为怕影响孩子考试而做出不恰当的事情，有的父母甚至在孩子备考的时候不敢开空调，怕影响孩子，不敢问孩子任何有关问题，甚至有的父母小心谨慎到在家走路也要慢慢悠悠的。

这样的氛围与平日里大不一样，反而让孩子的压力在无形中增大很多，这就给孩子放出一个信号，父母十分在意这次考试，这次考试的结果至关重要。这样的压力就会让孩子紧张。

有这样一个事例：

琪琪每次考试的时候都很紧张，在梦里都是考完试后老师发成绩单的场景，好几次都从梦中被吓醒。想起妈妈平时叮嘱她的话，心里就有一种喘不过气的感觉，平时妈妈总会跟她说，这回考试你可一定要考好，别让我失望啊。或者说这回考试十分重要，你可一定要抓住机会，错过这回可就赶不上别人了啊。这些话总让琪琪想到万一考不好之后的残酷境地，心里就像有块石头一样堵得慌，而且一想起考试就更加紧张了，在进考场之前就已经觉得大脑里一片空白了，一时又会觉得自己这样好像辜负了父母对自己的期望，紧张情绪更严重了。

所以说，父母平时在跟孩子的对话过程中，一定要注意自己的语言或表现，不要给孩子施加无形的压力，当孩子在考试前心里不用想着爸爸妈妈的各种指责和失望时，他就有可能安心地走进考场，答题时就不会紧张。父母要注意自己对考试的态度，首先自己在孩子面前就应该保持放松，让考试变成一个平常事，不要把考试当成一件特别重要的事情来看，不必要因为孩子考试，自己就要到屋子外面去，而且恨不得整个世界都停止运转，来给孩子营造一个安静的学习环境。这样的做法反而对孩子是一种无形的压力和沉重的负担，虽说是为孩子好，但是反而会让孩子更紧张。

父母应该给孩子营造一个轻松的氛围，不要过分看重考试结果，要给孩子鼓励，让孩子知道过程的付出是最重要的。父母看重的也是孩子身上所具有的美好的道德和坚持的韧性，而不是考试结果，因为人生还很长，考试只是微不足道的一小部分。

指导孩子正确对待考试

20世纪50年代，美国有一个非常著名的杂技演员叫瓦伦达，他走了一辈子钢丝都没出事，结果最后一次谢幕演出的时候，他却总想着要给自己的职业生涯画上一个完美的句号，结果走到中间的时候就掉下去摔死了。为什么之前都能成功而最后失败了呢？就是因为他之前不是带着目的性走的，只是想着走好脚下的每一步，而最后一次他抱着巨大的功利心，想着一定要成功，所以就失败了。考试跟走钢丝是一样的，如果一味地想着考试一定要考好这件事情，那么压力就会无形中增大，而要是能够想着我尽力做好每一道题目，不让自己后悔就可以了，那么反而会有意想不到的效果。

现实生活中，很多孩子还是因为各种压力，让自己在考试时很紧张，归根结底还是太在乎结果。那么从父母角度来说，一方面不能从语言和行为上给孩子压力，另一方面要开导孩子不要把考试结果看得太重要，有一个良好的考试心态是最重要的。

对待考试，父母要给孩子说，尽力就可以，成绩和名次不用管，只要走下去，避免上次的错误，这次能够有所提高就可以，而且关键是知道自己问题出在哪，下次不犯就是了。考试就是要有一种拼搏的态度，成与不成没有关系，只要在考试的过程中培养出一种想要战胜的勇气就好。

父母要告诉孩子，我们不能改变考试的结果，但是可以改变考试的心情，只要改变心情，任何经历只要走过就是一笔财富。就像考试，父母不应该只教孩子如何考试，而应该教会孩子如何面对比考试更大的人生挑战，在那些更大的挑战面前，考试只是很小很小的一部分。所以，父母要让孩子从考试中得知，积极面对人生，任何事情都可以过去。

考试只是过程，绝不是结果，一次考试并不能改变一个人的命运，那么作为爸爸妈妈，应该帮助孩子树立信心，缓解压力能够让他正确对待考试，从而战胜"考前综合症"。

在指导孩子正确面对考试的时候，孩子的考试心态十分重要。孩子的良好心态也来源于父母的良好心态。当运动员不再为了能拿到金牌而战的时候，就已经放好了自己的比赛心态，反而容易拿到荣誉，这就是说什么情况下会赢，什么情况下会输与心态密切相关。人在平和的心态中容易发挥良好，而在过分的压力中会产生恐惧。所以说父母对于考试的心态可以影响孩子的考试心态。

我们一起来看下面这个事例：

高考快到了，津津的家里跟往常一样，并没有因为要考试就一家子紧张兮兮的，而且生活也没有发生多大的变化，爸妈还是像往常一样喊她过来一起玩一局猜谜游戏，让她在放松的状态下感觉好像没有考试这回事似的，这使她的心情放松了不少。津津问妈妈："你不害怕我考不好吗?"妈妈说："考不好算什么，以后生活里比考试大的事情多着呢，人得赢得起输得起，考坏了没事儿，关键就是总结经验教训，这都算人生经历。"爸爸也在旁边认同地点了点头。津津觉得爸爸妈妈都能用微笑面对她的一切，不会因为分数不好就愁眉苦脸的，所以忽然觉得考试也不是什么太难的事情，心里顿时没有负担了。爸爸妈妈还告诉津津，说他在意的不是考试能考多高的分数，而是在这个过程中的付出，以及她的为人处世和道德方面的进步。津津十分感动，觉得爸爸妈妈是非常理解自己的人。

这个故事告诉我们，父母对于孩子的引导，以及父母本身对于考试的心态对孩子的影响是非常重要的。考得不好时，需要的是父母的宽慰和真心的鼓励，鼓励之后再帮孩子分析问题，帮助孩子进步，这才是最重要的。让孩子知道你在意的是孩子在这个过程中的问题，而不是最终的考试成绩。父母可以帮孩子弄一个错题本，把每回考试的不足之处重新改正写到上面，然后总结经验，找出失误的原因，而不应该责骂孩子，这是很不明智的。

金玉良言

父母对于考试的态度，决定着孩子对于考试的心态，所以要想让孩子考试成绩提高，不仅要找到属于孩子的学习方法，还要明白考试的意义：不仅仅是成绩，而是为了反观自身问题，以便进步。

第六章
好父母培养好孩子的"身心健康之道"

拥有一个良好的身体和健全的心理对孩子的成长至关重要，每个家长都希望把孩子培养成身心健康的人，希望孩子能做一个快乐的人。快乐的前提是孩子身体和心理都健康，这样才能有轻松愉快地成长，去面对成功和挫折，去经受欢笑和悲伤。

心理学家分析称，身体健康由良好的饮食习惯、体育锻炼等方面获得，而心理素质则包括良好的心理承受能力、良好的科学文化素养、良好的道德品质、有爱心与同情心等积极的心理因素。

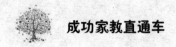

一、 吃得好才能身体棒——培养良好的饮食习惯

"要想身体安，三分饥和寒"。饭前禁止吃零食，让孩子有足够的饥饿感。不能从粗糙的木桶中饮到甘露的人是不幸的。让孩子尽可能少吃糖果巧克力等甜食。吃甜食而不节制的孩子，身体必不好，性格也好不到哪里去。不必让孩子穿太厚重的衣服，孩子并不像成人那样畏寒。

这些细节都是父母应该注意的，良好的饮食习惯是孩子身强体壮的基础。梁启超曾说过，少年强则国强。这个强首先指的就是身体的强健，其次是心理的强大。我们国家从"东亚病夫"的屈辱历史中走过来，吸取了一个十分重要的教训，就是一定要让孩子从小拥有强健的体魄，这样才能为国争光。

孩子是祖国未来的花朵，是建设国家的巨大潜力股，父母对孩子身体的呵护至关重要，因为这关系着国家的未来。那么身体强健的前提就在于一餐一饭上，饮食习惯和作息规律关乎着孩子的生命力是否旺盛、精力是否充沛、思维是否活跃等各个方面。

那么父母应该从哪些方面来保证孩子健康的饮食习惯和良好的作息规律呢？

孩子挑食怎么办

孩子挑食是很常见的一种现象，因为孩子对吃的要求和成人对吃的要求有着极大的不同。成人总喜欢将餐桌上丰富多彩的食物都尝一遍，而孩子不一样，他只吃自己喜欢吃的饭菜，不喜欢的一律不吃，这也是种自然本能。对于还没有道德意识的孩童来说，吃的东西对他来说，真是太重要了，是他的全部世界，他只是坦然而诚实地表现他的自然本能。挑食也是孩子自然本能的一种反应。

大多数父母都会对孩子挑食的状况表现出一种担忧，害怕孩子因为挑食而营养不均衡，影响身体的健康发育，有的时候挑食现象如果不是很严重的话，那说明孩子的身体是知道饥饱的，并且能够自我调节，通过自身的感觉来调整饮食结构，这时父母不用过多地担心，但是当孩子的挑食现象比较严重的时候，父母应作出相应的对策来均衡孩子的营养食谱。

　　经过对很多家庭的采访和观察，孩子挑食的原因在很大程度上有父母的责任，有时与父母的喂养方式有关，小孩子刚出生的时候，不知道什么东西好吃，什么东西不好吃，也不计较食物的好与坏，只要能够没有饥饿感就可以了。很多父母总觉得孩子应该吃有营养的，总是将孩子看得过分脆弱，没有母乳就担心孩子会营养不良，殊不知在孩子的生长期，可以代替母乳的东西如牛奶或者变着花样的稀饭糊糊等都可以满足孩子的生长需要。很多父母太紧张孩子，给孩子养成只吃一种食物的习惯，然后又会因孩子的挑食而发愁，却没有想到是因为自己的喂养方式不慎所致。

　　很多孩子只喜欢吃肉不喜欢吃菜，有的时候就是因为父母总觉得肉比蔬菜有营养，就让孩子多吃肉，使得孩子从开始能自己吃饭时，就以肉食代替主菜。现在的孩子有很多"小胖墩儿"，就是因为这个缘故。其实，蔬菜的营养与作用并不是肉食所能代替的，因为蔬菜也能提供孩子生长所需要的各种营养元素，而且其中所含的大量纤维素可以增加胃肠蠕动，增强胃肠功能，起到促进消化和通便的作用。如果孩子挑食，只吃肉不吃菜，会让脂肪增多增厚，引发孩子发胖，孩子的骨骼也会因为过多的脂肪而不能伸展，使得孩子没法长个头，因此父母一定注意引导孩子养成多吃蔬菜和水果的习惯。

　　很多时候，孩子无意识地表示过对某一样食物不喜欢吃，家长就会把事情看得很严重似的避免这样食物的出现，实际上这是十分不明智的做法，一定要及时纠正。父母应该合理平衡孩子的营养指标，而不应该刻意避免孩子排斥的东西。同时父母应该注意不能强化孩子的拒绝意识，例如，当孩子表现出不喜欢吃某一样蔬菜时，父母不要当着孩子的面告诉别人"他不喜欢吃这个菜"，而且要像什么都不知道一样，还是应该把这些应该多吃的蔬菜摆上餐桌。同时要给孩子语言方面积极的引导，例如父母可以给孩子碗里夹菜，边夹边说"宝宝最喜欢吃这个菜了，多吃点"，重复多次，孩子心里就会忘了原先对这个菜的排斥，而慢慢变得真的喜欢起来。

当然父母有的时候要进行引导式教育，比如对于年龄大一点的孩子可以告诉他挑食的危害，在给他讲道理的过程中让他明白不挑食的好处。

我们看看下面这个事例能给我们带来什么样的启示：

我跟朋友还有她的小儿子一起吃饭，饭菜端上来之后，我发现朋友一个奇怪的行为，她先自作主张地把儿子碗里的菜挑出来放到另外一个盘子里。看到我诧异和不解的眼神之后，朋友告诉我说，这孩子不喜欢吃这个菜，就喜欢吃里面的肉丁。我给了朋友一个眼神，她就停下了，这时我对这个孩子说："虎虎最乖了，这个蔬菜可好吃了，虎虎要多吃点，才能真的变得跟老虎一样强壮，才能长大个，长大了就能保护爸爸妈妈了，你看阿姨就很爱吃。"然后自己就吃了一口，还表现出很好吃的样子，接着又给他讲了多吃蔬菜的好处，结果他把放到另一个盘子的蔬菜都吃光了，吃完还跟我说："阿姨，我都吃光了，应该很快就会长个了吧。"我说以后要经常多吃蔬菜水果，才能长得更快。他用力地点了点头，然后我一边表扬他，一边转向朋友说："不要强化孩子拒绝吃蔬菜的意识，这样他就真的以为不吃是好的，以后会影响身体的。"朋友这才觉得自己的误导有错，看到孩子吃光了菜，自己也很受启发。

为了不让孩子养成挑食的毛病，父母对于孩子食谱的把控可以说十分重要。对于孩子的身体来说，营养均衡是最重要的，例如，鱼肉的蛋白含量高，脂肪含量低，多由不饱和脂肪酸组成，容易被人体消化，同时也是孩子钙吸收的来源，并含有丰富的维生素和磷元素，能够促进孩子大脑的发育，所以在孩子的食谱中，鱼肉的比例应该占其摄取肉食总量的大部分。现实中很多父母害怕鱼刺伤到孩子，嫌麻烦，就没有让孩子养成吃鱼肉的习惯，这一点父母应该充分引起注意。

少吃甜食和零食

甜食糖分含量高，很多孩子都喜欢吃甜食。在现在物质生活逐渐丰富的前提下，我们身体里的糖分是不会缺的，而多余摄取的糖都是剩余的。孩子喜欢吃甜食，是因为刚出生时胃肠功能不全，不能消化淀粉，只能以容易消化的葡萄糖来提供生命的代谢所需，所以其味蕾对于糖的记忆产生了依赖。随着孩子慢慢长大，对于食物他可以自己进行消化，这时不应该让孩子再过分地摄入糖分，如果孩子把大量糖分吃进去，就会对孩子身体造成危害。

例如糖分过多能导致儿童的身体免疫力下降，饭前吃较多甜食，引起血糖升高，危害平衡饮食，也会影响眼睛健康，因为大量吃甜食眼睛容易疲劳，视神经还会因为营养短缺而出现故障，过多吃甜食也会诱发肥胖症、牙齿损坏，甚至伤及脾胃消化机能，影响食欲，严重的还会影响孩子的智力发展。所以父母一定要注意控制孩子甜食的摄入量。

对孩子来说，零食也是一种无法抵御的诱惑，零食作为正餐以外的零星食品，其营养成分是十分有限的，不能满足孩子生长发育的要求，而且很多零食含防腐剂和各种添加剂，虽然食用方便，能够在孩子饥饿的时候及时补充，但是会影响孩子正常的吃饭规律，而且这些添加剂成分会扰乱孩子的肠胃对所需营养元素的吸收，使得原有营养受到损失，加重肝肾的负担，严重的可能导致消化不良，所以父母应该注意不能让这些食物占据孩子有限的肠胃空间，影响其对正常饮食的摄入，应该让孩子少吃这些东西。

当然，控制零食的摄入量并不是说拒绝孩子吃零食，孩子对于零食的爱好就像女人之于漂亮衣服一样难以控制，所以在不能及时就餐的情况下，孩子偶尔吃点零食也是应该的，但是不能让孩子就此养成习惯，在家的时候，即使孩子因为没有吃饱而感到饥饿的时候，父母也应该提供正餐的食物。父母的引导对于孩子养成健康合理的饮食习惯十分重要。

多吃原生态食品，五谷杂粮也要适度吃

当孩子需要食物供给的时候，父母也总想着给孩子提供最好的食物，所以父母在为孩子挑选食物的时候，经常是以价格高、包装精为标准进行选择，为孩子挑选最精细的食物，其实这也是一个误区。看起来精细的大米、白面都是经过很多道程序加工的，因为过于精细，其中的维生素等营养元素和膳食纤维反而容易流失，所以看起来精细的东西也许营养成分已经不完整了。

孩子在幼年时期，胃肠道系统发育尚未完善，胃酸浓度低，消化酶少，那个

时期的孩子饮食精细一点没关系，而随着年龄的增长，对于五谷杂粮都应该摄入一些，那些太过简单和易消化的东西不能全面提供孩子成长的营养所需，所以五谷杂粮是最好的选择，因为这些东西能够较全面地提供各种人体所需的维生素和微量元素，还能增加胃肠道的功能。

当然，父母在对孩子的饮食习惯进行培养的时候，应该多让孩子吃一些原生态的食品，例如多吃水果而不是多喝果汁，多吃自己做的饭而不是外面卖的速冻食品，多喝水而不是多喝含有各种添加剂的饮料。多让孩子吃一些水果，在咀嚼的过程中让牙齿得到紧固，而且食物中的营养成分不会被丢失，所含的粗纤维也会增加肠胃的蠕动，这样的消化过程才是科学合理的。平时父母在家的时候不应该嫌麻烦，应该自己动手做饭，让孩子从中获取营养，同时也可以给孩子观察的机会，使孩子以后能够独立，可以自己动手照顾好自己。但是很多父母都因为快节奏的生活，使得自己的生活也都是"快餐模式"，经常从超市里买回种类繁多的熟食和加工半成品，例如方便面、速冻饺子、罐头食品等，然后在家稍微热一下就做了全家人的正餐，而孩子也就在这个过程中吸收了这些含有添加剂的半成品中的有害物质，吃的时间长了可能会诱发孩子的一些疾病。所以说，孩子应该少吃从外面购买的现成食物，加上现在频频爆出食品安全问题，很多食品的卫生情况无法通过国家安全卫生局的审核，很容易对孩子脆弱的身体造成严重的危害。

因此，父母应该多让孩子吃一些原生态的食物，加上五谷杂粮等也要适量摄入，这对平衡孩子的营养机能作用巨大。

良好的饮食习惯，是孩子健康成长的前提。父母应该高度重视孩子的饮食安全和饮食习惯，按照孩子的身体机能调节所需营养，保证营养均衡是最重要的。

二、 睡眠好才能精气足——生长期确保 孩子睡眠充足

当孩子正长身体的时候，保证充足、高质的睡眠是非常重要的。当然，对于孩子的睡眠应该保证其科学性，在恰当的方法之下保障孩子的睡眠质量，这样才能保护孩子大脑，提高大脑的活动能力。能否有充足的睡眠很大程度上决定了孩子是否能长高。有研究表明，孩子在生长期都是在睡眠中长个儿。所以父母应该充分重视孩子睡觉习惯的养成。

很多父母对孩子的睡觉习惯不重视，总是由着孩子自己来，想什么时候睡就什么时候睡，大部分孩子会因为玩得兴奋而没有在白天睡午觉的习惯，但是很多家长也不管，这对于孩子良好睡眠习惯的养成十分不利。

如何保证孩子科学高质的睡眠

可以说，睡眠与身体成长有着很重要的关系，因为一天中生长激素主要是在夜间分泌，而儿童时期是生长激素分泌的高峰期，生长激素在入睡初期的深度睡眠时分泌最多，在这个时候血液中生长激素的浓度达到最高值，如果缩短孩子的睡眠时间，生长激素的分泌就会变少，那么身高的增长也必然受到影响。所以，人体合成身体所需的营养元素是在睡眠和休息的时候完成的。父母需要在给孩子提供全方位的营养食物的前提下，保证孩子充足的睡眠，这样才能使营养元素很好地合成，身体也才能有效地吸收。

那么父母应如何正确引导孩子的睡眠，使孩子的睡眠质量保持在一个高水

平呢？

1. 给孩子一个舒服的枕头。一个舒服的枕头能使孩子头颈得到很好的休息，枕芯可以用柔软的荞麦皮、谷秕子做成，如果能用绿豆衣、泡过水后又晒干的茶叶和中草药决明子等装填枕芯，不仅软硬适宜，夏天还可以防暑降温，父母不要给孩子用那种透气性差、散热不好的枕头。

2. 给孩子提供一个合适的睡眠环境。孩子睡眠过程中，如果受到噪音刺激会使脑细胞受到损害，影响孩子智力发展，影响睡眠质量，继而影响正常发育。当然也不能将孩子放置在一个无声无响的环境中，因为那样同样会对孩子的视觉、触觉和听觉的灵敏性造成不利影响。只要室内环境不要过分嘈杂，电视声音不要过大就好，可以给孩子放一些音量适中的抒情音乐来促使孩子尽快进入睡眠状态。

3. 不要让孩子总跟父母睡觉。父母要学会对孩子放手，孩子跟父母睡的话，父母因为疼爱有加，总喜欢抱着孩子，使得很多孩子养成不抱不睡的习惯。当然还有抱着睡的时候，爸爸妈妈的动作容易惊醒孩子，影响睡眠质量，同时身体无法舒张，四肢活动受限，不利于孩子发展，因为只有全身放松平躺在床上的时候，身体的重压对肢体的压力才能得到解脱，骨骼才能得到充分的休息，所以父母最好让孩子学会独立、舒适地在自己的小床上自然而随意地进入睡眠。

4. 孩子的床不要太软。孩子处于生长期的时候，身体各个器官都在迅速生长发育，尤其是骨骼生长更快，孩子的脊柱骨质软，周围的肌肉、韧带也很软弱，如果床很软的话，很容易使孩子的脊柱变得凹陷，处于不正常的弯曲状态，久而久之脊柱变形，还会妨碍内脏器官的正常发展，所以给孩子睡木板床、竹床都可以，但要注意保暖。

5. 晚上不要开太亮的灯。孩子能在幽暗的环境里很快地进入睡眠状态，所以父母不要通宵亮着大灯，因为这样容易改变人体适应昼明夜暗的自然规律，昼夜不分地处于光照环境的孩子，会出现睡眠质量低下、多梦，以及近视发生率高等状况。

如何让孩子拥有一个科学、高质量的睡眠，是爸爸妈妈十分关心的问题，希望在以上方法的引导下，每个孩子都能够拥有一个高质量的睡眠，都能在甜甜的睡梦中做一个美美的梦。

制定合理的作息时间表

父母在对孩子的观察中，了解孩子的睡眠习惯，然后给孩子制定出一份合理的作息时间表，用来促使孩子健康睡眠习惯的养成。这是伴随孩子一生的好习惯，父母有责任对孩子进行积极的引导。

我们看看下面事例中的妈妈是怎么做的吧：

慧慧的妈妈是一个医生，对孩子的吃饭、睡觉要求很严，不仅对慧慧晚上睡觉的时间严格要求，而且还要求孩子必须午睡，所以慧慧在家的时候很守规矩。等孩子到了学校之后，学校要求孩子在校午睡，不午睡的可以回家以免影响他人，所以慧慧刚开始没法适应在学校午睡，所以就往家中跑。妈妈总是强制使她入睡，慢慢培养她睡午觉的习惯，妈妈一般都是轻轻拍着她的后背，嘴里还哼着小曲，这样慧慧就慢慢进入了梦乡。这样几天下来，慧慧就养成了午睡的习惯，以后也不用老回家了，在学校也能保持睡午觉的好习惯。由于孩子白天、晚上睡觉的时间都得到了保证，所以慧慧看起来比别的孩子要高一些。

慧慧妈妈还结合孩子身体需要搭配适合孩子的营养食谱。随着孩子年龄稍长，好习惯的养成就更加重要，而且要根据孩子的实际情况，例如身体状况、学习负担轻重等因素来决定孩子的作息时间。这样，慧慧妈妈就给她制定了一个合理的作息时间表，妈妈规定孩子中午 12 点到 12：45 是午休时间，而到了晚上，冬天 9 点钟必须上床睡觉，夏天睡觉时间可以延长半个或 1 个小时，到 9 点半或 10 点的时候必须入睡。关于家庭作业，会在高效率的前提下尽可能多做一些，做不完可以适当通融一些。因为慧慧妈妈平时对孩子的睡眠时间要求很严，慧慧也就会抓紧时间以最快的速度写完作业，尽量在 9 点之前完成作业，然后就洗漱上床睡觉，睡前妈妈还会给孩子补充一些钙片。这样就使得慧慧既提高了学习效率，又保障了充足的睡眠，对于她的智力发展和身体健康都起到了十分有效的作用，在孩子上小学的时候身高已经比其他同龄孩子高出半个头。

一般情况下，孩子长个儿的时间是在晚上 9 点至 10 点，所以父母应该尽量引导孩子早睡觉。一般是晚上 8 点喝奶、洗漱、坐在床上讲故事，9 点前入睡。如果没有午睡，就需要提前，确保 8 点至 8 点半入睡。

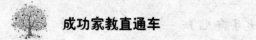
父母要告诉孩子每天要睡足 10 个小时或者更多，否则白天大脑和肢体活动量大，睡得少就应付不来。父母可以用简单易懂的语言来说给孩子听，让孩子知道睡觉的重要性，这样孩子就会养成一个习惯，每天可能会算自己睡了几个小时，慢慢地就会知道从晚上 9 点到早上 7 点是 10 个小时，并且由此变化。有时候，孩子可能会说，为什么我睡了 10 个小时还是累，这时父母可以通俗地告诉孩子，因为你白天玩得太高兴了，身体运动量大，睡 10 个小时还不能恢复，那你就需要睡 11 个或 12 个小时了。父母可以告诉孩子，睡得早可以让长个儿的细胞发挥作用，这样就激发了孩子早睡的兴趣。

父母对孩子在睡眠上的严格要求可以有效引导孩子养成良好的睡眠习惯，慧慧也是因为之前有一次作业没写完但睡觉时间到了，妈妈不让她再写作业，所以她心里就会老想着作业，知道妈妈在她的睡眠上说一不二，所以下次她就会督促自己提高速度，争取在睡觉之前写完作业。从这方面来说，让孩子严格按照父母定的作息时间表执行也是对孩子行动力的督促。

所以，只要父母慢慢给予孩子正确的引导，坚持严格执行孩子的时间表，那么孩子一定会养成良好的睡眠习惯，也一定会有积极的效果。

如果孩子没能保证充足的睡眠，白天就容易没精打采，且脾气暴躁，上课不能集中精力，所以父母要用通俗的语言和合理的作息时间来强化孩子要早睡的意识，慢慢地转化成孩子的习惯。

三、 多运动才能体格壮——运动中保证身体免疫力

运动会使人性格开朗、心胸开阔，可以保证身体平稳地发育，提高孩子的身体抵抗力，还可以促进骨骼的生长，对于孩子的身高有着积极影响。同时可以改善人体的血液循环，增强身体对营养的吸收，提高骨细胞的生长能力，这对孩子的健康成长是十分重要的。适当的运动对孩子的创造性思维、自尊心、平衡协调能力、智力等各方面都有着深远的影响。

有医学专家的研究调查显示，经常参加体育锻炼的儿童比不参加锻炼的儿童平均高4~8厘米，所以专家建议，正在生长期的孩子每天运动应不少于1小时。

国外家长在教育孩子的过程中，也十分注意对孩子身体锻炼的引导，以及训练项目的选择，例如美国家长会让孩子学习足球、橄榄球、篮球等以增强孩子的运动兴趣，法国儿童则在家长的引导下对滑雪、滑板、爬山等运动充满浓厚兴趣，而澳大利亚的家长则让自己的孩子在游泳、自行车、澳式橄榄球方面有一些训练，甚至在这些国家都会有相应的政策来维护和给予孩子锻炼的积极性，重在保护孩子在锻炼中得到的快乐，要求父母不要不重视训练的结果，而要对孩子的运动兴趣表示尊重。

这样的情况，与中国形成了极大的反差，在中国应试教育的环境下，每个正在成长的孩子身上都背负着重重的压力，升学压力、考试压力都在无形中占据了孩子很多快乐的时间。他几乎没有时间运动，甚至父母有的时候会说："成天就知道打篮球，打篮球能加分吗？能当饭吃吗？"这些话在我们的日常生活中极为常见，无形中就剥夺了很多孩子想要快乐运动的权利。父母、学校以及社会在很

长时间内都忽视了运动对于孩子身体的可塑性需求，再加上现在城市居住空间的日益狭窄，生活节奏的加快，公共交通的多元和便利，使得孩子下了课就得回家，根本没有时间运动。所以，运动的普遍缺乏加上营养过剩，使得生活中出现了很多"小胖墩儿"。

2012年2月22日，网络上的一个新闻震惊了全国，宁波江东区幸福苑实验小学的闻同学在参加校方安排的800米跑步训练后，出现身体不适情况，被送往医院，医生诊断为猝死，在医院宣布死亡。这样的消息令人心痛，一方面我们应该反思是否应该在保护儿童生命安全上做些什么，另一方面我们更应该好好思考，怎样才能避免这样的悲剧再次发生，为什么孩子的体质变得这么差，平时的运动是否到位？我们是否一味地追求成绩而忽视了孩子的身体健康？在这样的情况和背景下，我们更应该强调体育锻炼的重要性和必要性，更应该让孩子强身健体，增强体魄，从小养成锻炼的习惯，这样才能保证以后无论在什么地方、怎样的环境中都可以自觉地运动、自觉地锻炼。

作为一个新时代的家长，要将眼光放长远，做智慧的父母不应该只追求孩子有傲人的成绩，更要追求孩子有傲人的身体。强壮的身体才是能成就大事的根本前提，所以家长一定要舍得花时间陪孩子去户外活动，例如每周都抽出一天的时间带着孩子去爬山等，不要因为忙碌而让孩子自己待在家里玩，这不是一个好的方法，反而是对孩子想要运动的一种限制。小孩子的锻炼意识是从各种活动中开始的，只要家长能够带头领着孩子进行各种跑跳活动，不用非要在运动场地，也一样可以达到锻炼的目的，并有意识地培养出孩子爱锻炼的习惯。

下面事例中的妈妈和小主人公的经历应该是我们做父母的榜样：

周女士为了能让儿子多锻炼身体，在自家地下室里放置了一个乒乓球台子。每到周末回来的时候，她都会陪儿子练两把，每次都会计分，看谁的水平更厉害，谁的水平比上周更有进步，这样儿子每次回家总会迫不及待地想要跟老妈打几个回合，以证明自己的水平。周女士还发现，孩子每天回家都显得精神很好，学习状态也不错，她就问儿子："你怎么每天这么有劲儿啊，妈妈真开心。""那是因为我感觉自己很快乐，我能从运动中得到很多快乐，而且运动之后我觉得自己特轻松，头脑清晰，感觉特棒。"儿子说，"我平时业余时间都会跟同学到学校操场上打篮球，而且还会组织小组赛，我也不知道为什么我们班上很多孩子不出来玩一玩，一到业余时间就趴到桌子上睡觉，他不知道运动能让人锻炼身体，让人舒服极了。"周女士很高兴地点了点头，想一想儿子因为爱运动性格开朗，认识了很多一起打球的朋友，人际关系很好，体育成绩很好，而且学习也不错，也能调整好考试心态，自己都不用费很多心思。

研究表明，那些经常运动的孩子比那些不运动的孩子显得有精神、有活力，同时也更容易适应环境，思维反应灵活，学习成绩也相对较好。

家长要积极地鼓励孩子参加体育锻炼，用科学的方法来培养孩子的兴趣，才更有利于孩子的生长发育。父母可以跟孩子一起进行身体锻炼，但是要注意作为孩子锻炼强度不要太大，要根据孩子的身体素质一点点增强，锻炼时间不应过长，也不应运动过量，以免影响睡眠，扰乱内分泌。

家长陪孩子锻炼不一定非要在专门场地，如果难以出门的话可以在家跟孩子一起做做仰卧起坐、俯卧撑等，当然要注意在加强孩子身体锻炼的同时，必须及时补充营养元素来促进骨骼生长。

四、 心理健康才能内心强大——适当心理辅导锻炼承受力

现在很多家庭都是独生子女，父母都给予孩子过多的关爱，希望孩子尽可能地少受伤害，所以很多孩子都有着十分强烈的自我，希望自己总是受到关注，希望所有人都能像父母一样地迁就自己。现实生活中可能不是这样，跟他的内心期望有落差，一点点挫折他可能都会受不了。生活中我们常看到一些案例，比如孩子为了让母亲给买 iPhone，母亲拿不出那么多钱买，孩子就对母亲进行当街辱骂，或者经受了一次失败的考试就写下遗书、跳楼自杀等。这些案例都给我们敲响了警钟：对孩子心理承受能力的锻炼势在必行。对于一个家庭来说，培养孩子良好的心理素质，更是迫在眉睫的任务。

培养孩子良好的心理素质对于促进孩子健康成长、培养他良好的性格和行为具有十分重要的意义。在独生子女越来越多的情况下，独生子女的心理品质与以往多子女家庭时期有明显不同，那么该如何增进孩子心理健康呢？

父母之爱要适度

父母之爱过分、过度的话，就会变成娇宠溺爱，如果父母仍然这样姑息纵容，则容易使孩子形成种种不健康的心理，例如会依赖、任性、发脾气、骄傲、自制力差、适应力差等。所以在孩子的成长过程中，需要有挫折的历练，父母不能指望替孩子遮挡一切，因为孩子最终要走向社会，需要用自己的翅膀去飞的。所以父母在孩子经受挫折的时候，不是想着去保护，而是想着让他靠自己的力量

站起来，不要给孩子的任性和骄傲任何机会，让他在挫折中吸取教训。

我们经常看到这样的情况，只要孩子一哭闹，父母就慌了手脚，孩子的爷爷奶奶也加入这个百般迁就的队伍中来，对孩子的错误也一并包容，对孩子的要求也事事妥协，久而久之就惯出孩子妄自尊大的坏习惯。

下面事例中妈妈的苦恼是不是也是很多妈妈的苦恼呢？

安安的妈妈特别苦恼，因为安安总是因为各种要求达不到就对爷爷奶奶大打出手，甚至威胁他，自己也拿孩子没有办法。有一次安安说想要一个最新出来的昂贵的游戏机，妈妈说家里还有一个没坏呢，而且那个新款的太贵了，又影响学习就不买了。结果安安就大发脾气，一直哭个不停，怎么哄都不行。后来安安妈妈想了一下，孩子都有一种"仗势"的心理，觉得大人在乎她，只要这样哭目的就一定能达到，所以发脾气想要获取一种满足。然后她就任由孩子去哭，也没有答应她的要求，保持了一种冷静的态度，没有迁就孩子，过了一会儿，安安就像什么也没发生一样又自己玩去了。

当孩子发脾气的时候，父母不应该立马就"投降"，这是最不明智的选择，这样的话孩子以后会更加无理取闹，所以当孩子乱发脾气的时候，父母要保持冷静，对孩子的不合理要求坚决不迁就，且始终要让孩子明白，无论他怎么发脾气，父母都不会"俯首称臣"的，无论孩子怎么哭闹也不可能达到目的。所以，这个时候父母可以先采用冷处理的方式，不去理会他，随后再冷静地给孩子分析原因，引导和教育孩子，让他能够从一次次错误中吸取教训。

生活中很多父母都会在孩子受到挫折的时候提出补偿，也就是说，父母在孩子受挫的时候就会买一个孩子想要了好久的东西作为补偿，以为给孩子的是爱，却没想到，这样的爱更耽误了孩子的成长，这样的行为习惯会使孩子觉得生活中的任何失败最终都会从父母那里得到补偿，而事情没有实现的话，孩子会觉得生活亏欠了他，心理就会不平衡。

其实在很多情况下，父母在孩子受挫的时候给予孩子更多的物质之爱，这有时是对孩子承受失望和挫折的能力的低估，时间久了就连孩子自己也觉得没有办法承担这些挫折了，而从父母这里来寻找同情。做父母的，应该锻炼孩子，培养他接受生活中的失望和挫折，而不应该是依赖别人，博取别人的怜悯，等着别人来安慰和同情自己。如果我们不在孩子面前表现出过多的惋惜和怜悯的话，能够平静地对待孩子的失望，孩子就会学着接受失败的现实，调节自己的情绪，使孩子更容易树立迎接挑战的信心。

提高孩子心理承受能力

面对困难的时候，父母要学会首先从孩子自身寻找问题，在与孩子分析问题的过程中，帮助孩子成长，提高孩子承受困难的心理能力。这才是智慧父母应该做的事情，而不是万事都从别人身上找问题。当然分析问题的时候要客观、理性，不要对孩子抱着功利性和目的性地进行教育，这样只会让孩子的心理负担更重，反而影响孩子的心理承受力。

例如当孩子跌倒的时候、考试失败的时候，父母可以说"地上有个小石子你没看见吧，下次走路的时候要看着脚底下就不会摔倒了"或者"这个题因为粗心错了吧，下次要细心点把题看清楚，肯定会有进步"。那么对于父母来说，具体该如何在实际操作中提高孩子的心理承受能力呢？

1．让孩子多参加集体活动，与人交流。父母应打破家庭封闭的小环境，鼓励孩子多与别的孩子交往。多参加集体活动，有利于培养孩子良好的性格，增强集体感，以及在集体中的心理承受力，防止他产生孤僻、不合群的性格和孤独、羞怯感。西方国家常见的"孤儿院病"，使儿童的自我发展停滞不前，其原因之一就是儿童生活天地狭小，与社会接触太少。

2．根据孩子性格来锻炼孩子心理承受力。例如性格内向的孩子，自尊心一般都比较强，家长不能过分迁就也不能太严厉，过分呵护和严厉都会让孩子在困难面前产生挫败感。对性格外向的孩子来说，不能过分责骂，说话不能太苛刻，这样容易打击孩子的积极性，让孩子的自信找不到认可的感觉。

3．帮助孩子正确认识自我。要告诉孩子每个人都有各自的长处和短处，做父母的也是，所以很多失败在所难免，谁都会有失败，但关键是面对失败之后的心态，父母要让孩子正确地认识自己，认识到强大的心理承受力能带给自己的希望和信心。

4．帮助孩子提高分析问题的能力。认清问题的本质之后，就会很容易面对困难。如果孩子能够理性地分析、思考和研究问题，就会自己总结出失败的关键点，继而就会变得强大，情感会不断丰富，心理会日趋成熟，这样对挫折的承受能力就理所当然地增强了。

5. 让孩子在失败面前不自卑。孩子在失败面前常常容易否定自我，父母要重塑孩子的自信，鼓励孩子敢于尝试，而且要鼓励孩子看到自己的长处，不要用自己的短处来掩盖自己的长处，要引导孩子认清自我。把失败看小了，心理就变强大了。

良好的心理承受能力是一个人能否健康生活的关键。父母从小锻炼孩子的心理承受力，让孩子在为人处世中能不卑不亢，因势利导地教孩子变成一个内心强大的人。

五、 接触自然才能见多识广——在大自然中认知世界

有一句话说，大自然是孩子最好的老师。孩子在大自然中能够摆脱束缚，更好地做自己。父母不要把孩子当做温室里的花朵，应该让孩子充分地接触大自然，这样的孩子才能心胸宽阔。就像苏霍姆林斯基倡导的那样，把孩子带到野外，投入大自然的怀抱。

孩子接触世界的时候，对大自然是一个直观的感受，而孩子还可以从自己的读物中来了解自然界，书本上的画都是对自然界的动物、花草的反映。这些内容和大自然的关联就是为了启发孩子的智力，但是父母不能让孩子只沉浸在书本中，大自然才是最生动活泼的课堂。随着孩子一天天长大，思维能力和想象力也在逐渐发展，让他尽早地从自然环境中实现对事物的认知，会对其智慧的开启起到重要作用。

当孩子明白一朵花的内涵，明白春天的含义，那么父母要做的就是带领孩子去大自然寻找春天，去看一看花的开放，闻一闻花的清香，这样才能对事物有更深更准确地了解。当然，父母还应该让孩子在大自然的接触过程中，认识颜色，认识不同的植物，什么样的植物生长在什么季节，到什么时候会开花等，在这个过程中，可以让孩子自己去体会，用手去摸，用眼睛观察，用鼻子闻，这样会形成全方位的认识，从而加强孩子认知世界、理解世界的能力。在这个过程中，孩子也记住了家长对大自然的描述，具备了这些方面词汇的储存与语言表述的方式。这些精彩鲜活的认识，是孩子在书本里无法获得的，因为书本中闻不到花香，触摸不到一片叶子的脉络，而大自然里拥有一切。

从下面的事例中，我们可以看出父母应该学会让孩子在大自然中健康成长，这样的孩子更快乐些。

冰冰体弱多病，还经常吃药，爸爸妈妈总是怕他受风着凉，关在家里特殊照顾，家里也给了他很多书籍和玩具，但是总感觉孩子闷闷不乐的。朋友对他的父母建议，带着孩子到郊外、野地里去玩玩，感受一下大自然的气息。他的父母就在一个周末的时候带着孩子去了郊区，看到很多稀奇的事情，晚上还在外面宿营，听到野地里蛐蛐欢快地叫着，冰冰显得比在家里兴奋多了，对一切都感到新奇，性格也慢慢变得开朗起来，话也多了不少。父母在对冰冰的观察中发现，孩子对很多事情开始思考，思维也一下子被打开了，头脑也相对活跃了不少，所以父母当时就决定以后要多带孩子出来接触接触大自然，因为他认为是大自然开启了孩子的智慧大门。孩子回到学校之后还把自己看到的、父母讲给他的大自然的一切分享给自己的同学朋友，引得大家一片叫好和羡慕，使得冰冰的朋友也多了起来，性格也比以前开朗多了。

孩子在大自然中没有束缚，没有烦恼，没有考试的压力，也没有各种沉重的期望，只有快乐。孩子经常在大自然中跑来跑去，瞪着好奇的眼睛，不停地探索，沉浸在大自然给予自己的盛宴中，收获了纯粹的快乐。孩子如果在大自然中呼吸着山风、花香，就可以在四季的变化中学到许多天文地理知识，在旅途中，也从来自天南地北的人们身上，学到许多为人处世的礼仪和交际技巧。

当然，对孩子也应该像大自然一样，让孩子在大自然中自然成长，不要过分约束孩子应该怎么做，要把孩子看成一朵花，让他在自然的天性中认知自己，尽情发挥自己的特长，不要束缚孩子无尽的想象力，让孩子在自己的涂鸦中，描绘自己的未来。

可以说，大自然能够带给一个孩子人生中所需要具备的一切优秀的品质。比如善良、忍耐、坚强、乐观、豁达……都能够在与大自然的亲密接触中逐渐获得，并在孩子的内心形成深刻的印象。大自然对于一个人的影响和造化，是潜移默化的，也是强劲有力的。一个热爱大自然、经常接触大自然的孩子，必然有着纯朴的内心和坚定的信念，经受过风雨洗礼的树木，与在温室中培养的花朵有着本质的区别。

从更高的层次上来看，大自然带给孩子的审美情趣和精神世界同样是丰富而深邃的。对自然万物的认知、了解、喜爱，会让孩子从小就拥有一颗敏感而纯粹的心，拥有一双至善至美的眼睛，发现这个世界的美丽之处。同时，大自然带给孩子的精神影响也是深远的。人世间的哲理和真义，几乎都能够从大自然的物换星移中找到原始的出处。

在大自然的怀抱中，孩子也会尝到苦头，在战胜大自然的时候，会给孩子带来思考，大部分孩子会在大自然里深刻地体会到生活的艰辛，会反思自己平时娇惯的行为，甚至会对自己作出改变，可以说大自然对孩子的教育是最好的，可以成为孩子受用一生的财富。因为亲身的体验比教科书上的描绘更真实和深刻，在大自然中遭遇一次挫折，会使他的体验更为深刻，也更能触动他，这些经历会促使孩子走向成熟，走向更加丰富的人生，从而让孩子在面对以后生活中的挫折时更能鼓起信心和勇气。

现在的很多家庭居住在城市，父母平时工作忙也没有时间陪孩子，更别说带孩子去领略大自然了。这种情况下，父母应该意识到大自然这个"自然课堂"能够带给孩子的巨大成长意义。带领孩子走向自然，去感受一朵花、一阵风、一声鸟叫，都是父母应该去做的，这非常重要。

父母带领孩子在与大自然的接触中，迈开认知世界的脚步。自然可以打开孩子眼界，开启孩子认知思维，引发孩子从不断思考中去寻求答案，形成自己的认知。

第七章
父母给孩子最珍贵的礼物——爱与责任

爱与责任，是这个世界上最重要的东西。罗兰说，爱是生命的火焰，没有它，一切将变成黑夜。而责任感也是一个孩子应该从小进行锻炼的，一个没有责任感的人是不可信赖的。所以对于孩子来说，关于爱与责任的教育应该从小开始进行，这对孩子的成长有着十分重要的影响，也是父母能够送给孩子的最珍贵的礼物。

一个懂得爱与责任的孩子，具有很强的独立性，思维开阔有自信心，而且记忆力好，在陌生的环境中更容易建立安全感。可以说，爱与责任的教育是孩子的人格、心智、道德等各方面发展最重要的基础，因此，爱与责任应该成为孩子各方面成长的一个教育背景，只有在这个大前提下，才能培养出身心健康、勇于担当的孩子。

一、 爱人如己——爱从自身做起

爱意味着用心灵去体会别人最细微的精神需要。这种心灵的感受能力来自父母，但不是什么言语和解释而是榜样。所以说，父母要想教会孩子如何爱别人、爱自己，首先自己要做到爱别人、爱自己。父母只有从自身学会爱，学会承担责任，孩子才能在父母的启发下变得善待自己和他人，才能懂得爱的真谛。

每个父母都是爱孩子的，他甘愿为孩子付出一切，宁肯自己吃尽苦头，也会把好的留给孩子。但是有的时候这样的爱很容易走向误区，认为自己付出了一切，孩子就必须理解和领情，否则就是大逆不道，而忽略了孩子在成长过程中独立自我的形成，以及说 "不" 的权利。父母给孩子的爱应该是自由的，而不应附加很多沉重的条件。

现实生活中很多孩子，因为父母本身缺乏对爱的感知，为孩子所做的一切都是从自己的角度出发，更多的是为自己。孩子如果不能按照他的要求来进行的话，他还会跟孩子对着干，这样的父母不能作为一个成熟的大人去教会孩子宽容与爱，无法去容纳和理解孩子。这样的父母教育出来的孩子大多都没有安全感。所以，要想教育好孩子学会爱与责任，首先父母要学会爱，要从自身做起，做到真正地爱孩子、爱他人。

爱人也是一门艺术，是需要去学习的，每位父母都是需要通过学习并付出努力才会懂得爱的。父母在对孩子的教育过程中，给予孩子成长的机会，并让孩子感受到你的爱，为孩子的发展和每一个生活细节提供条件和帮助，而且这些都需要建立在父母对孩子生命发展了解的基础上，这就是爱。这里的爱包括独立，包括对孩子自信心和承受力的培养，而不是把孩子像 "小皇帝" 一样地宠溺着，以为这就是爱。

很多父母在教育孩子的过程中不反思，认为孩子要什么就给他什么，就是对孩子最大的爱，而对孩子的成长以及他的心路历程毫无了解，他更多是从自己的成长经验或自己的利益出发，从来没想过从孩子的利益出发。这样就把孩子大量的自发行为给制止了，并且限制了孩子成长的权利，所以孩子心智发展的机会就越来越少，结果孩子变成了父母手下的"小木偶"。当孩子离开家庭走向学校生活时，父母就会发现，孩子不会自己上厕所，不会自己吃饭，不会自己穿衣服，似乎什么都需要依靠别人做。其实孩子在这个年龄阶段，正好是需要自己动手锻炼以培养独立性的阶段，而父母把这样的锻炼机会给剥夺了，所以给孩子的爱全都变成了负担。

在生活中，父母爱孩子的最佳表现应该是精神上的理解和关照，而不是对生活上的过分照料。印度泰戈尔曾经说过一句话，爱是理解的别名。一位优秀的父母，他的爱的能力首先表现在他对孩子的了解上。孩子需要的是精神上的平等对话，心灵上的理解和沟通，也就是关心他内在的成长。这才是父母爱孩子的关键所在。

父母的爱不是任何经验可以代替的，儿童一旦得到爱的满足，在轻松和自由的状态里，他的本性就会表现出来，他的心理素质、人格素质、道德素质和智力素质就会快速地向前发展。因为他的周围充满了爱、安全、公平、宽容，在这样的环境下孩子会变得美好，发展得快，有创造力，热爱生活。我们知道孩子都是因为别人爱他，他才爱你，他是看着父母的行为从中获益，而不只是父母的说教。

有这样一个事例：

叶子的妈妈向朋友哭诉，说孩子年龄这么小，就说话刻薄，不懂得团结同学，对她奶奶说话也没大没小的，不知道关心父母长辈。看着她一脸愁苦，朋友想起了之前她对叶子的奶奶说话一脸不耐烦的样子，还有一次她当街训斥孩子，踢了孩子一脚，当着别人的面说自己的孩子有多不懂事之类的情景，而且也从来没有见过她对孩子有过抚摸、拥抱等亲昵的动作。朋友就跟她说："你先想想自己，是不是做到了对别人都满怀关爱的人，你想想你是怎么跟叶子奶奶说话的，又是怎么将不满情绪发泄到孩子身上的。你每天都在埋怨她、责备她、训斥她，一多半的语言和行为都是对孩子的否定，根本没有爱的成分，你怎么要求孩子在一个没有爱的环境中成长为一个会爱的人呢?"

当父母爱孩子时,孩子就学会了爱一切,爱是儿童成长最好的精神食粮,有爱的能力是最美好的品质。德国的格林贝说,"不被任何人爱是巨大无比的痛苦,而无法爱任何人则生犹如死"。所以说父母要学会爱孩子,孩子才能学会爱一切,用爱的智慧去拥抱任何人。

想要让孩子学会爱与责任,父母就要先从自身做起,正确地做到爱孩子、爱别人。给孩子做好榜样,才能促使孩子养成独立的人格,并且在独立的自我中提高孩子对这个世界的认知。

金玉良言

父母不要用成人的角度去误解孩子,而应该了解孩子的成长规律和精神构建过程,发自内心地爱孩子、理解孩子,孩子在有爱的环境里才能成为一个会爱的人。

二、别忽视孩子的付出，别纵容孩子的"零回报"

任何成功都需要付出努力，有一句名言相信大家都记得，那就是"成功是99％的汗水加1％的灵感"，可见付出的重要性。任何成功都不是轻而易举的，都是在付出了努力和汗水之后才有可能得到的。社会里，随着竞争的日益残酷，很多时候付出了努力也不一定能够得到成功，但是不努力就一定不会取得成功。父母应该在教育孩子的过程中，强调孩子要靠自己的努力去争取成功，而不要想着依靠任何人，即使是自己的父母，不要想着坐享其成，否则这样的孩子是没有独立人格的。

当然父母也要给孩子各种锻炼自己能力的机会，让孩子在付出的劳动中体会成功的甜蜜和失败的痛苦，这样孩子才能成长。现实生活中，很多父母已经为孩子安排好一切，孩子的成长不是自己的，而变成了父母计划中的步骤，只需要孩子按部就班地走就是了。我们看到很多父母给孩子报孩子根本不喜欢的各种培训班，大学志愿也帮孩子填好，大学毕业工作也替孩子安排好了，甚至当孩子触犯了法律，父母也是想尽办法让孩子免受法律制裁。所以更多的社会问题出来了，很多富二代在社会上犯了错误，还高呼叫嚣像"我爸是李刚"这样的声音。这种现象的不断出现，难道不能给我们做父母的带来些反省和警示吗？

父母不应该剥夺孩子靠自己努力赢得尊重、赢得成功的机会，只有在付出自己的努力之后得到的东西才是最有价值的，俗话说，自己跳起来摘到的果子才是最甜的。这就是付出劳动的力量。

孩子的付出不仅包括上面所提到的对于自己的成功方面，还应该学会对父母的付出予以回应，也就是说对父母也要付出自己的爱，对父母的爱怀有一种感恩之情。父母在孩子想要付出自己爱的时候千万不要拒绝，反而要享受、尊重孩子的付出。这样才能让孩子懂得生活的辛劳，同时也有一种被尊重的感觉，在以后的生活中才能战胜困难。

当孩子付出对别人的关爱时，他才能感觉到自己是被需要的，才能感受到自己生命的价值，孩子会在付出的过程中获得一种价值认定。那种对父母付出爱的成就感能够使孩子感到快乐。现在很多父母只知道自己要爱孩子，无条件地为孩子做各种事情，但是却忽略了对孩子的爱的教育。殊不知，平时应该多给孩子付出自己爱的权利，在这个过程中，孩子才能真正地长大。

看看下面的事例，做父母的应该反省一下，我们的日常生活中忽视了什么。

小聪正在家写作业，这时听见妈妈下班回家的声音，于是兴高采烈地去给妈妈倒了一杯水，高兴地递到妈妈面前说，"妈妈快喝吧，上班很累吧"。谁知妈妈不耐烦地说，"你作业写完了吗？怎么又找机会偷懒，我自己会倒水，你能把书念好，不用我操心你的学习就是对我最大的孝敬了"。小聪高兴的心情顿时跌落低谷。

孩子心中刚刚萌生的对父母爱的付出，想要付诸行动就被一大盆冷水浇灭了。这种情况在现实生活中并不少见，父母的这种做法很容易让孩子心灰意冷，对父母关爱的热情都被打消了，那怎么会对别人怀有关爱之心呢？在孩子的成长过程中，有比考试成绩更重要的东西，那就是让孩子懂得付出自己的爱，懂得对别人常怀感恩之心。

所以父母面对孩子的关爱时，应该表现出惊喜，进而把自己的势态放低点，给孩子付出爱的机会，让孩子体会到一种"为他人奉献"的自豪感。

以上说的是当孩子付出的时候，父母不要拒绝。但是，还有一种孩子，享受惯了父母长辈给予自己的厚爱，认为这一切都是理所当然的，是做父母的责任。孩子有了这种想法的时候是十分可怕的。因为这样孩子就会把自己的一切所得认为是自己应该得到的，对一切不懂回报、不懂感恩。这样的孩子步入社会之后一定是会受挫的，因为除了父母之外没有谁会无偿地为自己做任何事情。

父母之爱是无私的，是不要求回报的，但是中国的一句古话很有道理，那就是"滴水之恩当涌泉相报"，更何况是父母的养育之恩。为了让孩子在步入社会之后能够常以一颗回报之心、感恩之心来与人相处，来获得朋友，也使得孩子能够更好地适应社会，现代父母应当教会孩子如何回报，尤其是现在独生子女家庭越来越多，独生子女越来越没有回报意识的时候，教孩子懂得回报更重要。

爷爷奶奶过年给压岁钱，孩子不但不知感谢，还会说："真抠门，才给这么点儿。"爸爸妈妈辛苦了一天回家，还要给孩子做晚饭，孩子不知道体谅，还说："今天的晚饭真难吃，我都咽不下去。"孩子不懂得珍惜父母的劳动成果，随便地浪费食物、浪费钱。不知道这些东西来之不易，只知道自己对一切的享用都是理所当然的。

那么父母如何培养孩子懂得回报和感恩呢？

父母应该多与孩子聊聊孩子当年是怎么出生的，出生的时候父母经受了怎样的苦难，让孩子知道父母在抚养孩子长大成人的过程中付出了怎样的心血，以及周围的亲朋好友给予了多么深厚的关心和爱。让孩子明白是每一份关爱汇合起来，才有了他今天的幸福生活。

要对孩子讲清楚，在步入社会以后，是跟家庭截然不同的另一番景象，每个人都没有义务无偿地为自己付出，而对于给过自己关心和爱的人来说，都是应该感恩的，因为孩子的成长，不仅离不开父母的关怀，也离不开老师的教导、同学的帮助，甚至陌生人的热心。父母应该教育孩子要把这些爱牢牢地记在心里，好好学习，努力长大，然后用自己的实际行动去回报所有人。

父母不应该溺爱孩子，这样容易让孩子陷入任性、自私、不考虑别人感受的消极情绪中，更何谈对他人怀有关爱之心和感恩之心。所以父母应该在对孩子的关心和爱中，一点一滴地教他去回报别人。

有这样一个事例：

娇娇的妈妈平时总是给孩子说，你要记得你周围帮助过你的人，正因为他的出现，你才会变得像今天这么优秀。娇娇也总是看到妈妈跟那些曾经帮助过妈妈的叔叔阿姨保持着很好的联络，家里有什么好东西都会与别人分享，而且别人家里有什么麻烦，妈妈也会很乐意去帮忙。这些娇娇都看在眼里，有一次娇娇抬头告诉妈妈："妈妈，看到你对每个人都这么友好，我以后也要同你一样，做一个会感恩的好孩子。"妈妈抚摸着娇娇的头，告诉她："你说得好，希望你能做到。现在因为你还小，各方面能力还不成熟，爸爸妈妈有义务照顾你，但是你要知道你自己迟早有一天会长大，父母会变老，你不可能依赖父母一辈子，父母也没有义务一直这样，所以你要明白自己的责任，要变得独立，在独立之中感悟父母、朋友、老师对你的无限关爱，希望你能够反省自身，知道自己要以什么样的爱这些关心过你的每一个人脸上挂上一丝微笑。"

孩子想要去回报别人，一定是发自内心的，因为他能看到自己的爸爸妈妈在做什么。所以说，爱的种子是需要良好的氛围培养的。孩子只要能够明白爸爸妈妈的不易，就一定会热爱家庭，从心底里感恩每一个帮助过自己的人。

懂得付出和回报是孩子成长过程中的巨大财富，父母要给予健康正确的引导，给孩子付出爱的机会，循循善诱孩子、不随意打消孩子积极性是关键。

三、 小肩膀也要扛起大责任

如果一个国家的孩子没有责任感的话，那么这个国家是没有希望的。责任感对于孩子来说十分重要，爱国成才，首先应该成人，如果没有责任感，即使有再大的能力，也很难取得别人的信任，别人也不会把重要的任务交给你。

可见，责任感是立人的基础。具备一定责任感的孩子，才能自觉地勤奋学习、工作，做各种有益的事情，掌握各种技能，使自己变得强大。长大之后才能尽可能地适应社会、照顾家庭、成就自我价值，才能力所能及地履行好自己的职责，进而有能力被委以重任，成为优秀人才。

每个人都将成为社会公民，身上都有着或大或小的责任。我们每一个人不但对国家、对家庭，更对我们自己负有重大的责任，需要在生活的历练中培养自己的责任感，这至关重要。

但是现在中国的情况是独生子女越来越多，责任感差，他活在自己的小世界里，不关心国家大事，不关心父母亲情，不关心别人甚至也不善待自己。并且很多孩子还经常抱怨，一点不顺心顺意就大发脾气，而且家庭里的各个成员都宠爱着这惟一的独苗，让孩子没有义务可言，享受着长辈给予自己的宠爱，所以慢慢地责任感缺乏，性情冷漠。这些现象在我们的当前社会里十分常见，而与现在不同的以前的家庭中，很多子女一起生活，兄弟姐妹间的责任感随处可见，哥哥姐姐觉得自己年龄大些，会发自内心地承担起照顾弟弟妹妹、料理家务的责任，时间久了就慢慢地培养出责任感。

责任感的定位

曾经有一位教育学家，给孩子的责任感定位为三个方面，即对国家的责任感、对家庭的责任感和对自己的责任感。

1. 对国家的责任感。俗话说有国才有家，有家才有我。国家是我们每一个公民都必须尊敬的，国家的建设离不开我们的努力，建设好一个更强的国家是我们每一个中国公民的义务和责任。父母应该从小培养孩子的家国情怀，对孩子进行爱国主义教育。国务院也颁布了相关文件，文件提出了未成年人思想道德建设的主要任务：从增强爱国情感做起，弘扬和培育以爱国主义为核心的伟大民族精神。看到中国现在的发展越来越好，对未成年孩子责任感的呼唤就更加重要了，因为孩子是祖国的未来，只有当每一个孩子心中怀着一个中国梦和对国家责任无条件履行时，祖国的未来才会更强盛。

2. 对家庭的责任感。对于父母来说，孩子不仅仅是国家的希望，更是家庭的希望，家庭未来的蓝图靠孩子去描绘，家庭的幸福也取决于孩子能否带给别人幸福，所以说孩子在家庭里不断成长，在认知世界的过程中强大自己的内心，然后应该负起把家庭维护得更加和谐的责任。

3. 对自己的责任感。在对国家和家庭的责任维护之下，有着对自己的责任，因为命运掌握在自己手中，自己对自己负有不可推卸的责任。一个只有对自己负责的人，才能对国家负责。孩子应该在父母的教导下找准自己的定位，对自己所做的每一个决定、每一件事情负责到底。要教会孩子不要想着逃避责任，要勇敢面对自己该承担的责任，这样才能成为一个杰出的优秀人才。

国家需要人才，更需要有着"以天下为己任"的责任心的人才，每一个孩子都是国家的栋梁，父母在教育孩子的过程中，应该着重强调对孩子责任感的培养，有了责任感，才能有担当，才能成大事，有大作为，才能在时代的呼唤下取得辉煌的业绩。

对孩子责任感的培养势在必行

对孩子责任感的培养，父母应该提供一个氛围，即不要给孩子提供一个什么都现成的环境，因为父母为孩子做得越多，孩子就越无事可做，父母把理应是孩子的责任范围内的事情都做了，照顾得太周到，孩子就越不会料理自己的事情，越没有职责的划分，就慢慢地变得只有依赖性，没有独立性，当然责任感就更无从培养。

教育心理学告诉我们，培养孩子责任感的首要条件就是必须给孩子创造属于他自己的小天地，让他明白什么事情是必须自己做的，让他能行使自己的权利，尽自己的义务，负自己的责任。父母能做的是提醒孩子什么是父母也帮不了的，是必须自己动手去做的，这就是责任。

父母不能包办孩子的一切，但是可以营造氛围培养孩子的责任感。那么父母该怎么做呢?

1. 营造家庭的民主氛围，培养孩子的社会责任感。平时要让孩子参与到父母的谈话中来，让孩子接触国家和社会中的信息和问题，鼓励孩子发表意见，尽可能地将家国意识根植在孩子的头脑中，用孩子能够理解的话语给孩子讲解生活中常见的、涉及社会问题的事例，或者一些道德伦理方面的案例，来引导孩子对这些社会现象作出独立的解释和看法。父母应该耐心地等孩子说完之后，再做引导和评价，而不要随意打断孩子。

2. 强调孩子对自己负责的主体意识。瑞士著名心理学家皮亚杰认为，孩子在学习过程中绝不是完全被动的角色。但是这种主体意识需要父母的启发，例如父母要让孩子明白上学是自己的事情，爸爸妈妈没有义务替孩子做好一切，学生的责任就是要按时起床、准时上学、不准迟到，一旦迟到的话是孩子自己的责任，跟父母没有关系。这份主体性的责任是父母必须教给孩子的，让孩子在这种认识的熏陶下养成对主体性责任的承担，继而具备独立性。

3. 父母在家要给予孩子参加劳动的机会。父母要求孩子主动参与到家庭事务中来，也是对孩子责任感的一种培养，孩子能在这些家庭事务中感到自己受到重视，慢慢就会强化自己的责任感。父母如果不给孩子活干的话，孩子就不会对这个家表示关心，时间长了就会像局外人一样，更不用说培养责任感了。许多孩子的责任感都是在家庭生活的熏陶下培养出来的，都与生活环境有关，这样即使以后孩子遭受挫折，也不会影响日后的正常生活。

只有在责任感的不断培养下，孩子才能锻炼出不断坚强的心性，勇敢沉稳的性格，才能在挫折面前不气馁，勇敢分析自己的不足，在以后的人生道路上才走得更顺利。

父母应该把孩子当成独立的个体，跟孩子分享日常生活中的家庭收支情况，了解社会新闻和人际关系，给孩子讲解每个社会成员应负的责任，例如交警负责维护交通秩序，如果交警不负责任，那么就会带来生命危险等。让孩子从日常生活中了解责任感的重要性，继而告诉孩子自己的责任是什么，并且对孩子的行为多给予指导，使其慢慢走上自立的道路。

心理学家很认同从家庭事务的劳动分工中来培养和树立孩子的责任感。我们中国的父母，可以以别的国家对于孩子在家里的责任分工为借鉴，运用到自己的生活中来。例如德国家庭中孩子的家庭劳动是这样被安排的：

6岁以前的孩子可以尽情地玩耍。

6岁到10岁要帮助洗杯盘碗碟，购买小物品。

10岁到14岁要整理草坪，洗刷鞋子。

14岁到16岁要参加宅旁园地的劳动。对不愿干和不完成父母交办的家务的孩子，按违反百年来约定俗成的法规论处，双亲可以请求市监管委员会给予帮助。

父母要让孩子从小形成意识，那就是让孩子明白自己是这个家庭中的一个成员，自己跟爸爸妈妈一样对这个家庭负有责任，应该尽到一份义务，如果做不到，是可以适当批评和处罚的。

在素质教育中，责任感极为重要，父母对孩子责任感的引导更为重要。如果孩子没有责任感，那么他就难有克服力，家庭难有向心力，集体难有爆发力，社会难有凝聚力，国家难有生产力。可见，父母必须认清自己的责任，用自己的爱和智慧去了解孩子、引导孩子，慢慢培养他的责任感。

　　父母对孩子责任感的培养势在必行，一个孩子如果对国家没有责任感，会不讲奉献只知索取；对家庭没有责任感，会只知享受爱不知爱人；对自己没有责任感，会失掉自我麻木不仁。

四、 在爱与责任中形成优良品格

当一个孩子有爱与责任的时候，他就会从对他人的爱和责任中，使自己不断强大起来，并且体会到快乐。这个时候，孩子会希望自己能做得更多，为家庭、为社会作出更多的贡献。父母应该在爱与责任中，引导孩子形成更多的优良品格，在孩子渴望发挥自己的能力来履行责任的时候，父母就要开始引导孩子树立更为远大的理想，继而为理想而努力。

孩子在爱的浸润下，学会了爱别人，继而明白了责任的重大，那么孩子会从爱与责任中走向独立，在自我独立的引导下，孩子会更加清楚自己的方向，希望能在更多的事情中完成自己的人格确立，这时就需要更伟大的事情在前面指引孩子去做，而这"更伟大的事情"就是理想。理想对于孩子的成长来说至关重要，它会带领着孩子向更高的目标进发，去爱更多的人，去履行更多的责任。

父母在这种情况下对于孩子理想的树立应该起到引导作用，可以保证孩子的理想切合实际，在实现的时候可以点燃孩子的积极性。父母应该注意因势利导，引导孩子去追求自己的目标、实现自己的理想，同时要引导孩子实事求是地树立一个切实可行的目标，而不能逼迫孩子去实现父母年轻时没有实现的理想。

责任感是前进路上的灯塔，能帮助孩子长大，并且让孩子知道自己该做什么，该怎样去做。理想的树立也是与孩子身上日益强大的责任感相关联的，当孩子意识到自己对这个家庭负有责任时，就会通过努力学习，渴望通过考上大学来增强自己的能力，而父母不应该给孩子增加更多的负担，不要逼迫孩子去承担更多的压力，否则会使孩子好不容易树立起来的对学习的兴趣变得枯燥起来。所以说，不管以后孩子能够成就什么，父母应该首先使孩子懂得一个公民应尽的责任是什么，这才是现代家庭教育的第一意义。

在学会爱与责任的时候，孩子明确了自己的目标，树立了远大的理想。与此同时，孩子在明白了爱与责任的时候，也就增强了自己的心智。爱是针对他人的，在与他人的接触中，孩子会对他人充满爱意和关怀，也就意味着孩子学会了尊重他人。

孩子对他人表示出尊重，可以在父母爱的教育之下慢慢引导出来，父母可以教育孩子：尊重他人，才会得到尊重；尊重别人，就是尊重自己。而且还要注意在日常生活中结合孩子所能看到的一切来进行体验化教育。例如在生活中碰到不同的人，城市的"美容师"清洁工阿姨、公交车司机、学校的老师同学、德高望重的教授、平平凡凡的工人、质朴的农民等，都会出现在孩子的生活中，给孩子留下或深或浅的印象。父母应该在孩子看到他的时候跟孩子说，虽然他做的工作各不相同，但是他都是靠自己的劳动获得价值的人，没有高低之分，都值得尊敬。这样的教育应该从小进行，给孩子爱的关怀的同时，让孩子也爱每一个人，在爱中发自内心地尊重每一个普通人，孩子的好品质就会因此而形成。

有这样一个事例：

在公交车上，小女孩看到了正在扫路边树叶的清洁工，因为是冬天，那个清洁工没有戴手套，手冻得有些开裂，于是小女孩就对妈妈说："妈妈，冬天这么冷，那个阿姨没有戴手套，一定很冷吧。"妈妈跟小女孩说："她没有戴手套是因为她没有好好学习，没考上大学，就没钱买手套，就只能光着手去扫大街了，你以后要好好学习，知道吗？要不然以后你也是个扫马路的明白吗？"小女孩没有说话，想不明白这两者之间有什么关系。

父母对孩子的这种教育，在我们的日常生活中也很常见，常听见父母大声对孩子呵斥"再不听话就让你去当农民"、"不好好学习以后就只能收废品"等。从来没有意识到这类话语传达给孩子的是一个潜移默化的不良信息，那就是说那些农民、工人、收废品的都是地位低下的，是不应该得到尊重的。这就容易让单纯的孩子戴着有色眼镜去看这些用自己的双手获得劳动果实的人，从而可能小看他、嘲笑他们。这对于孩子自身道德素养的形成十分不利。

对于孩子单纯的心性来说，父母爱的启发和挖掘永远有着无穷的力量，而父母不当的语言和行为对于孩子的扭曲也相当可怕。所以父母应该反省，自己是否做到对人人都保持敬意，是否做到对孩子进行健全的爱的教育，是否做到对劳动人群保持该有的尊重。只有父母是一个可以尊重别人的人，孩子才能做得更好。

面对生活里的每一个人，父母教会孩子真诚地去爱，在爱与责任的浸染下，孩子会自觉地去尊重别人，尊重劳动果实。父母要在爱与责任之中对孩子优良品格的形成进行引导和塑造。

当孩子学会爱，学会承担责任，就会在父母的关怀之下自觉地树立起自己明确的人生理想，同时对每一个人保持起码的尊重，而自己也将成为一个受人尊敬的人，最终会创造奇迹。

五、 在与人为善中体会助人的快乐

孩子学会爱的过程中，也会体悟到与人为善的快乐。在与人的接触中总要与他人产生关联，而每个人都是孤独的个体，都希望能够成为彼此的朋友，好让自己显得不那么孤独，而渴望融入群体的愿望，在孩子中是最为强烈的。群体的形成有一个基本的前提，那就是集体主义，而助人为乐是集体得以形成的基石。所以父母要在爱的教育中，帮助孩子树立一种助人为乐的精神，让孩子在帮助他人的过程中得到一种乐趣。

现实生活中，很多孩子可以说都没有机会去体验这种助人的快乐，而且随着时间的变化，孩子成长到一定年龄，已经没有了这种想要帮助人的欲望。因为在他的周围，父母已经为他做好了一切，没有谁需要谁的帮助，这种快乐也就没处获得。所以父母有的时候需要放手，给孩子创造帮助别人的机会。

让我们看看以下事例中的妈妈是如何对孩子进行教育的：

四川雅安地震的时候，枝枝的妈妈回到家里，看到枝枝在翻看一本新买的漫画书，而且又看到她的小书柜里已经有很多各种各样的书籍，她忽然有了一个想法。于是她打开电视，招呼枝枝过来："快来宝贝，你看电视上的这些小朋友。"这时电视上放的正是雅安地震的现场报道，房屋倒塌，一片狼藉，很多孩子、老人和受难群众无法安置，看着他哭泣的画面，失去家园的痛惜之情在他脸上显露无疑。枝枝看得很投入，还不时地吸溜一下鼻子，妈妈看着枝枝，温柔地对她说："你想不想为他做些什么？"枝枝忽然兴奋起来说："真的可以为他做点什么吗？我真的好想给他寄过去一些我看过的书还有不穿的衣服，他好可怜啊，相比之下，我好幸福。"妈妈很欣慰地说："宝贝，你当然可以给他寄了，妈妈真为你的助人为乐感到高兴。"妈妈觉得这次爱的教育达到目的了，而且孩子的表现也很令她高兴，对她说："我们枝枝真棒，以后也应该经常帮助那些需要帮助的人，这样当你需要帮助的时候才会有人来帮助你。"枝枝很高兴地点了点头。她在给灾区小朋友寄的东西里面夹了一幅画，是枝枝自己画的与灾区小朋友在一起的图画，令妈妈觉得惊喜又温暖。过了几天，看到电视报道中说全国各地的捐助物资陆续到达灾区，看到灾区小朋友们的脸上重露笑容，枝枝高兴地对妈妈说："那么多东西里面肯定有我的，真高兴给他带去了快乐。"

孩子爱帮助人，爱做好事，这是人类善良的本性所致。父母应该让孩子充分发扬，而不应该埋没。父母在孩子心灵的这片土地上，要从小播下"助人为乐"的种子，长大后他就会关心他人的疾苦，才能多为人民做好事，体会到纯粹的快乐。助人为乐这种人世间至真至善的品质，可以让孩子从对别人的帮助和付出中得到快乐，使对方的困难得到化解，这其中显示了孩子自身的价值，令孩子获得一种成功的体验，所以十分快乐。

父母不应该对孩子"助人为乐"的天性产生误解，更不能因为现代社会里有一些因为助人为乐而被人讹诈事件的存在就封闭孩子的内心，就不让孩子去帮助别人，而对孩子的天性予以抹杀。这种自私和功利主义，对孩子的成长十分不利。

虽然孩子帮助别人的能力微不足道，但这是孩子能力和善良天性的体现，只要父母能够正确引导，孩子就有能力去实现更大的梦想，为参与道德建设而付出努力。

六、 好父母如何让孩子感受到爱

父母如果用爱的行为和态度来对待和理解孩子，这个孩子一定会在爱的环境下成为一个快乐、自信、勇敢的人，更重要的是会让孩子对生活充满爱意，继而能在这种爱的浸润中为自己创造一个更美好的未来。未来的生活需要独立的孩子，而孩子只有在爱的环境中才能慢慢变成独立的人，在独立中走向更幸福的生活。有一位老师说，爱是孩子独立的前提，独立是孩子被爱的结果。

对于孩子来说，爱的感受十分细微，是一种细微的情感，一种心的归属感和安全感。这些温暖的东西都是父母能够给予孩子的，因为孩子曾经在父母那里感受过爱，知道被爱的感觉，所以才会给予别人关爱。当一个孩子有了给予别人爱的能力时，就已经具备独立的资质。

对于父母来说，对孩子爱的教育也是教育中最重要的力量，对孩子的影响是终生的。父母对孩子的爱该如何定义呢？给孩子安排好一切算不算真的爱，对孩子严格要求不露出一点笑容是不是为孩子好呢？给孩子多多的爱却忘了让孩子自主去爱算不算健全的爱呢？爱也有不同的表现，有的能让孩子感到温暖，而有的却让孩子感到沉重，有的让孩子变得宽容善良，有的让孩子却变得冷漠自私。其中父母有着十分重要的责任，那么父母如何去做才能让孩子感受到真的爱呢？

1. 多对孩子笑一笑。父母一笑，对孩子来说整个世界都亮了起来。爸爸妈妈的表情对于孩子来说非常重要，微笑能带给孩子温暖，即使不说话，光看到一个微笑就已经传达了很多内容，一个微笑说明爸爸妈妈是爱着孩子的，是很高兴见到孩子的。这种从小在父母微笑的目光注视下长大的孩子，容易形成乐观、积极的心态。因为微笑是爱的语言。

2. 多从细节上关注孩子。孩子有时候心里会有一些小心思，希望自己不说能被父母发现，然后心里就会充满了被爱的满足感，所以父母从细节上关注孩子更容易感染孩子的内心，使孩子感受到父母给予自己的爱。细节是需要父母去挖掘和感悟的，从细节之处给孩子关爱，就会让孩子多一些生活的体验，继而对他人怀有关爱之心。

3. 多尊重孩子的意愿。对于孩子恰当的意愿，父母应该放手去让孩子实现，而不是去压制，令孩子痛苦。父母以为是为孩子好却给孩子带去痛苦，所以不如在恰当的意愿里尊重孩子的请求，不要过多地担心，即使孩子受了挫，对于他来说也是一次历练，未必不是好事，当孩子受到父母尊重的时候，才是感受到爱的时候。

4. 多与孩子沟通，听听孩子的心声。孩子从心底里渴望父母与自己平等对话，所以沟通的时候父母应该放低姿态，放下权威，以朋友的身份和孩子聊聊天，听听孩子内心深处的渴望，并且对孩子抱有更多的理解。这样孩子才能敞开心扉，在父母平等的关爱中塑造自由的个性和真实的自我，只有当孩子感受到自由和轻松的时候，父母爱的教育才是成功的。

5. 多给孩子爱的权利。孩子也需要在对父母的爱中来确认自己的价值，因为孩子只有在被需要的时候，才能感受到自己幼小生命的重要性，在懂得爱人之后才能更加深切地了解被爱的感受和滋味。所以，父母不应该只是一味地给孩子爱，如果孩子没有反过来爱父母的权利，那么这些爱都是一些"负担"，他无法在其中感受到深深的爱意，而且时间长了会变得理所当然，慢慢丧失爱的能力，变成一个自私冷漠的人。

父母要给孩子对的爱，而且是针对孩子的成长来说对的爱，而不是父母自己主观上认为的正确的爱。好父母都希望让孩子感受到爱，希望自己的付出对孩子是有价值的，那么就要耐心地观察孩子的变化，体悟孩子的需求，感受孩子的渴望，然后给孩子需要的，而不是强加给孩子你的主观感受，这才是真的爱。因为孩子在这样的爱里感受到了自由、独立、尊严，这些是他一直渴望的。

爱孩子，要给孩子自尊、自立的能力，父母应该在对孩子的关爱中，开启孩子探索世界的窗口，让孩子按照自己的生命要求和天性去发展。这是智慧父母掌握的诀窍。

第八章
好父母与孩子的沟通妙招

　　很多父母都希望孩子与自己亲密无间，保持良好的亲子关系，更希望孩子是健康快乐的，能够有什么都乐于和自己分享。可是生活中，我们常听见父母说"我不知道孩子成天想些什么"，或者我跟孩子聊的他都没兴趣听，找不到共同的话题"……这些问题出现的根源就在于父母没有掌握与孩子有效沟通的方法。

　　父母与孩子之间的良好沟通，可以使父母更加了解孩子，而且也让孩子更加体会父母的善意，从而变对抗为对话，变冷漠为交心。这是沟通的最佳境界。所以，父母要学会与孩子进行良好沟通，以平等的姿态理解、包容和尊重孩子。

一、 学会倾听， 把话语权交给孩子

理解、尊重孩子能够有效地拉近父母与孩子之间的距离，理解和尊重孩子，，首先就体现在少说多听上。认真倾听孩子的说话内容，才能设身处地地进入孩子内心去理解他的想法，而且也能让孩子感受到你对他的尊重，他会因为这一点尊重而尽可能地与你分享一切。在孩子说话的时候，父母应该尽可能把话语权交给孩子，自己耐心地倾听，眼睛始终注视着孩子，身体前倾，放下手里的活，让孩子感受到你的认真态度。

孩子希望父母能跟自己分享的不仅是快乐，更希望分享那些脆弱的、痛苦的成长经历。这时需要的是父母的耐心倾听，而不要面对这些"不好的消息"随意发泄自己的情绪，不听孩子说完就一顿批评，本来孩子想在你这里找些安慰，结果你动不动就妄加评论，反而把孩子推到了离自己更远的地方。最健康的沟通方式是父母让孩子通过语言把所有的感情，包括积极的和消极的都表达出来，这才是对孩子最大的尊重。如果父母在听孩子说那些不好的消息时表现出不耐烦，或者不停地打断孩子，发表自己的言论，那么孩子的消极情绪就会积压在心里，找不到理解和依靠的渠道，等积累到一定程度就会爆发，继而引发成与父母之间的对抗，从而给家庭关系带来伤害。

倾听是最好的沟通方式，孩子与父母之间需要沟通，但是沟通不仅是要用嘴去说，而且应该用耳、用心去听。

有这么一个事例：

欢欢一进家门就大声抱怨说自己在学校受了委屈，心里极不平衡，认为老师偏心同桌胜过自己。然后又说了很多觉得老师做得不对的地方。欢欢的妈妈当时正在看电视，就扭过头去，什么也没说，瞪着眼睛看着孩子说完，心想等孩子说完我再告诉他，老师不是偏心只是需要那么做。等儿子说完之后，紧接着竟然对妈妈说了一句："谢谢妈妈，谢谢妈妈今天听我说了这么多。"妈妈还没来得及说自己的看法，孩子就回屋写作业去了，过了一会儿出来了又对妈妈说："我刚想了想，妈妈虽然你什么都没说，但是我知道老师没有错，只是我心里有些不平衡而已，因为老师那样做也有他的道理。"这些话让妈妈备感欣慰，明白了倾听的力量，原来不需要自己去做评论，倾听本身已经让孩子在这个过程中醒悟过来了。

父母总会犯一个毛病，就是希望孩子听自己的，觉得自己经验多，孩子可以少走弯路，所以很少去主动听孩子的。这是需要父母改变的一点，我们在家的时候多听孩子的话，尽量少说，孩子其实就已经很满足了，那么你就会发现自己与孩子的关系有很大改变。因为父母作为倾听者所给予孩子的关注、尊重和时间，对于孩子来说是最有效的帮助。

无论大人孩子，只有觉得对方能够真正理解自己的想法时，才能听得进对方的话。我们在听了孩子的想法后，立即用自己的语言重复其中的要点，并同他交流，孩子会觉得我们一直在认真倾听，对他是重视的。所以，父母应该怀着平静的心态来听取孩子任何的情绪表达，这对于问题的解决是有利的。

千言万语有时不如沉默，这是父母跟孩子交流过程中的一个奥秘。父母应该用关怀的目光、理解的态度在无声的交流中，与孩子搭起一座沟通的桥梁。

沟通的品质决定了生命的品质，父母与孩子沟通的品质如何，直接决定着孩子的成长和发展，所以父母不应空有一颗爱孩子的心，更应该了解爱孩子的方法。

二、 平等对话， 不强加父母权威

父母有的时候总把自己放在高高在上的位置，随意对孩子施加权威，总希望孩子对自己是从属的关系，希望孩子能够什么都听自己的。甚至认为孩子是属于我的，我可以主宰孩子，孩子必须服从我。这都是当前很多父母心里的真实想法，却忽略了孩子作为一个独立的生命个体，有着自己独特的生命体验和感受。孩子与父母一样是独立的，是平等的，而且他十分渴望这一份平等关系的建立。

在这种情况下，父母应该反思，每个孩子出生的时候都是一样的可爱，为什么后来会有反抗、拒绝、叛逆呢？到底是谁改变了孩子呢？父母应该扪心自问：我们做错了什么？沟通的时候出了什么问题？

当孩子成长的时候，其自然的、个体的生命被父母训练、教导，在其社会化的过程中，很多制约开始进入他的生命中，这些制约就包括父母权威的压制。当孩子心情不好的时候，父母说："不许哭，干什么都哭哭啼啼的，有什么出息！"当孩子大笑的时候，父母又会说："有什么好笑的，别笑了！"这些权威话语的强度很可能会打破孩子对于良好家庭关系的想象，本来孩子会认为自己是家庭中的一员，可以随意发表自己的看法，认为想哭就哭，想笑就笑，肯定会得到父母的理解，可是看到父母对自己是这样一个情况，那种把孩子完全没有当一个独立个体来平等对待的感觉，孩子可能会有两种情况的逆向发展：

1. 孩子会慢慢变得弱小、胆怯，不敢随意发表自己的看法，在父母的权威之下不能正常发展自己的个性。因为孩子在父母权威的施加下得出结论，即情感是不能随便表达的，爸爸妈妈认为我不够优秀。孩子非常希望得到父母的肯定，所以开始察言观色，看父母希望听到什么，说一些父母爱听的话，开始隐藏自己的真实感受。

2. 孩子在父母不平等的待遇中，变得开始反抗和叛逆。当孩子觉得自己没有被平等对待的时候，就会觉得自己没有受到父母的尊重，开始寻找一种极端的方式来凸显自我，反抗父母想要强加到自己身上的权威。父母在孩子叛逆的过程中，有时会用更暴烈的方式逼孩子"就范"，这样只会更糟糕。

这两种情况都会让孩子感到父母越来越不理解他，和父母之间的关系也越来越疏远，孩子就会独自形成一个封闭的小圈子，把父母推在这个小圈子之外，由渴望平等的对话和交流，变成了只讲想法，而如果连想法和情绪也被父母否定的话，那么孩子就不会再跟父母沟通了。

父母要想被孩子接受，就应该放低自己的姿态，找好自己的位置，把孩子当朋友一样，与孩子谈话不是训话，不要总用命令式的语气跟孩子说话，要让孩子在与父母沟通的过程中体会到平等。

有这样一个事例：

有一天，李先生发现儿子心事重重的。吃完饭，儿子用手机发短信，当时他很生气，给孩子买手机是为了放学晚或者他外出时好联系，总用手机发短信肯定会耽误孩子学习的，所以他就二话没说命令孩子马上把手机关了。儿子平时挺听话的，没说什么就把手机关了。结果第二天，老师给他打电话，说孩子没做完作业。原因是没有记全作业，想发短信问同学被他制止了。李先生一听，非常后悔，当时真应该找他好好谈谈，问清楚，而不是不问青红皂白就让他关手机。以前也有过这样的事情，但因为各种原因都没能和孩子进行情感上的交流，最终导致与孩子的隔膜。

父母总是把孩子看成没有自觉性的人，首先对孩子就没有信任，把孩子当成需要父母时刻去监督和规划的人，而不是把孩子当成平等的个体进行交流，总是用命令的语气警告孩子，"你要再不听话，给我小心点"，不问青红皂白就先把孩子责怪一番，这样一来孩子的感受就被否定了。

家长总喜欢在孩子面前端着架子，一脸严肃，一本正经，动不动就对孩子呵斥一番，教训一顿，令孩子敬而远之。父母原以为这样才有威信，其实大错特错。

如果父母能够把孩子当成一个平等的独立的社会个体来面对，对孩子保持该有的尊重和理解，那么父母想成为孩子朋友的愿望是可以实现的。家长应放下架子，平等交流，给予孩子必要的尊重和理解，才能真正赢得孩子的信赖。一味居高临下地俯视孩子，自然会加剧孩子的紧张恐惧心理。很多家长都忽视了这一点，没有做到与孩子平等交流，更有甚者，剥夺了孩子的发言权。

要想教育好孩子，必须使孩子的需求健康发展，因为需求驱动着他的行为。提倡民主，反对专制，并不意味着对孩子百依百顺，而是有合理约束性的引导和塑造，真正的民主与尊重是给孩子平等的机会、自由的表达，以及独立的个性。

父母不能控制孩子的发言权，要给孩子自由表达的空间，父母应该平等地做孩子的知心朋友，这样才能加大孩子对父母的亲近度和依赖度。

三、 用孩子的思维进行换位思考

教育学家指出，要想真正了解孩子的心理，就需要用孩子的思维和眼光融入孩子的世界，这样才能真正与孩子进行沟通。成人在世俗的世界里时间久了，慢慢地容易形成一种思维定式，而且想把这种思维定式强加到孩子身上，用这种思维去想孩子，就容易产生误解。因为孩子的生活阅历少，思维直接、单纯，父母如果想要理解孩子的话，就需要站到孩子的角度，用孩子的思维去思考和观察。

生活中经常能够看到，孩子因为父母对自己的误解而大哭、气愤、无理取闹，其实最终都有一个原因，那就是父母没有站到孩子的角度上去考虑问题，喜欢把自己的思维强加给孩子，激起了孩子强烈的自尊心，所以孩子才用这样的方式进行对抗。父母经常对孩子说"别说了，说什么也没用，我还不知道你"，或者说"你心里那点小心思，我不猜也知道"……就这样把自己的主观思维妄加在孩子身上，对孩子来说是一种误解和伤害。

在和孩子相处的时候，家长应该蹲下来，站在孩子的角度看世界，掌握孩子的听觉、视觉与理解特性。许多父母会从大人的角度，和小孩互动，间接或直接安排甚至命令孩子怎么做、怎么玩、玩什么。其实小孩就是小孩，他身体和思想的高度都还有待成长，如果站在大人的立场，就很难明白孩子的喜怒哀乐。

有这样一个事例：

茵茵的妈妈是一个画家，每次到野外去写生的时候，她都会把茵茵带上，也会给茵茵准备一个小小的画板、小小的板凳，想让孩子从小锻炼绘画的天分。可是每次都很令她失望，茵茵根本坐不住，每次都是坐下一会儿就嚷嚷着要回家。妈妈十分诧异，便对茵茵说："你怎么会不喜欢呢？我费这么大劲儿，工夫都白费了不成？"接着又生气地对孩子说："那你自己在妈妈附近玩一会儿吧，别走远，待会再回家。"于是茵茵就放下画板，到附近的草丛中玩，不一会儿就像发现新大陆似的，蹲下来看那些搬家的蚂蚁，追那些鸣叫的蟋蟀，看那些在泥土中钻来钻去的蚯蚓，觉得好玩极了，然后就兴奋地跑去跟妈妈说："以前总在书上看到蚯蚓钻泥土，这回我总算看到了。"妈妈听孩子说完，跑过去蹲下来看孩子所说的景象，也受到了很大的触动，发现了大自然的美好。孩子对大自然的兴趣让茵茵妈妈开始站在孩子的角度去思考孩子需要的到底是什么，在跟孩子的视线保持一样高度的时候，忽然看到了一个不一样的世界，妈妈心想：既然绘画中画的是大自然，是艺术中的大自然，何不放手让孩子去了解真实的大自然呢？所以，茵茵妈妈就改变了带孩子来写生的念头，回去给孩子报了一个她兴趣浓厚的自然科学探索小组。然后还经常带孩子来写生，不过不是让茵茵画画，而是让她在旁边的草丛里沉浸到自己的小世界里去。妈妈也会时不时过来参与进去，同时还用孩子的口吻问孩子各种相关自然的问题，让孩子给讲解，也经常会跟孩子一样趴到地上去观察各种小动物。看到孩子因为能给妈妈讲解而自豪和充满成就感的样子，妈妈觉得自己的心终于跟孩子的心贴近了。

当父母用孩子一样的眼光和思维去观察世界，与孩子交流的时候，就会发现孩子真实的内心是什么样子。优秀的父母知道，要想理解孩子的看法，就要蹲下来跟孩子的视线保持相同的高度，而且换位思考，这样就不会觉得孩子的想法是可笑无聊的了。

孩子虽然年纪小，但是他已经在用自己的眼光来审视、理解、分析身边的一切事物，如果做父母的忽略了这一点，那么就经常会和孩子出现不协调、不一致的步伐。当孩子抱着布娃娃来让你给她生病的布娃娃"看病"的时候，你不要拆穿孩子说："别胡说八道了，布娃娃哪会生病，又不是真的。"做父母的千万不要这样说，而应该让自己站在孩子的立场上，像孩子一样用简单、单纯的眼光进入孩子的世界，帮孩子扮演一个合格的"医生"，来给孩子的布娃娃"看病"，用孩子的视角帮助孩子完成这个简单的游戏，因为在孩子的眼中，布娃娃是有生命的。她在与布娃娃玩耍的过程，也是自己在探索和认知世界的过程，父母应该在"回归孩子"的装扮中，给孩子鼓励，培养其兴趣，满足孩子的快乐需求，而不应该用成人化的世俗观念粗暴地折断孩子想象的翅膀，将自己与孩子的距离拉得更远。

当父母真正做到用孩子的眼光看世界时，你就会明白，为什么那么多在你的眼里平淡无奇的东西，在孩子看来却是那么有趣、那么珍贵、那么神秘。所以，当孩子因为这类事情表现出不听话时，你不要急着批评孩子，而是应该蹲下来和孩子保持同一视角高度，这样才能看清楚孩子眼中的世界。

学会用孩子的眼光看世界，你就会和孩子产生更多默契，你们之间也会因此有更多的共同语言，这样的亲子关系就会变得更加融洽。

父母若能懂得换位思考，就能站在孩子的角度看问题，会减少很多与孩子在认识上的冲突。例如孩子不想睡觉，想多玩一会儿，是因为他的天性使然，父母就不会生气，而会理解孩子。

四、 用商量的语气让孩子感受到尊重

遇事多跟孩子商量是与孩子良好沟通的一个重要条件，这样让孩子感受到自己的重要性，会有一种受父母尊重的满足感。同时，在这个过程中能够培养出孩子更加独立和坚强的自我，不论对促进父母和孩子的关系，还是对孩子的成长来说都是一件好事情。

如果父母能够在很多事情面前跟孩子商量一下，多听听孩子的意见，那么会形成民主、和谐、融洽的家庭氛围，同时也使孩子学会尊重别人，在自己受到尊重的前提下也会用商量的语气去与父母和朋友相处。

有这样一个事例：

小可有一天在家翻箱倒柜地找一本童话书，那是她最喜欢看的《海的女儿》，因为带好朋友来家里玩，所以想拿出来与好朋友一起看，可是哪里都找不到，急得小可都快哭了。后来妈妈下班回来，小可哭着跟妈妈说："妈妈我最喜欢的《海的女儿》找不到了，明明记得就在书柜里放着，可是不见了。"妈妈听她说完之后，轻描淡写地说了一句："哦，那个啊，那天妈妈有个同事带着女儿来咱家，看到那个小女孩也很喜欢你那本书，妈妈就送给她了。"结果小可哭得更厉害了，对妈妈说："你为什么不跟我商量，上次就把我的衣服随便扔了，这回又不让我知道就把书送人，总是这样，你问过我吗？"小可难过的不是因为书没了，而是因为妈妈不跟自己商量，就自作主张替自己做了决定。妈妈说："那本书你已经看过很多遍了，放着也是放着，我就随手送人了，还用跟你商量吗？"小可生气地说："可那毕竟是我的东西啊，你问都不问我就送人了，为什么要这样？"说完小可就哭着跑回了自己的房间，把门重重地关上了。

孩子虽然年龄小，可是自尊心是最强的，最渴望得到尊重，尤其在一个家庭中，只有孩子受到了尊重，才会觉得自己受到了父母的关爱和重视，才不会觉得自己是一个无关紧要的人。所以聪明的父母会懂得孩子希望家长做事跟自己商量的心理，一般会以商量的语气处理孩子的事情，例如会跟孩子说："妈妈想把这件玩具送给你的小表弟，你愿不愿意呀？""这件事情妈妈拿不定主意了，你觉得妈妈该怎么办呢？"父母以这样的方式让孩子感受到父母对他的尊重，孩子会很快回馈给父母，而且更愿意向父母敞开心扉。

现在的社会中，有很多父母仍然受传统观念影响，家长的长幼尊卑观念很强，习惯居高临下地教育孩子，命令孩子，替孩子做主，有的父母觉得跟孩子商量有失面子，有失家长的威信。所以这样的父母没有从内心把自己与孩子的地位放平，没有以一种客观、公正的姿态来对待孩子。这与孩子的成长是相违背的，因为在现代价值观多元的社会里，自我愈加凸显的时代中，孩子的知识积累和生活阅历都在不断增加，他希望父母把自己不再当做孩子，而是一个能够独立判断的生命个体，孩子渐渐希望能独立处理自己的事情，所以家长一定要重视这种心理的变化，为孩子创造更多的独立处理问题的机会，而且家中琐事都要与孩子进行商量，不仅可以锻炼孩子思考问题的能力，还能促进家庭关系和谐发展。

当然，商量不是简单的迁就，不是只要条件允许就满足他，不是从吃的到用的，父母都给孩子准备好，不跟孩子商量地强制接受，而是父母与孩子对话、沟通，以互相了解为前提，形成双方都可接受的意见或办法。商量也不是父母一方的施与和命令，不是要求考试必须第一不能第二，而是把孩子当做一个大人来慢慢提高，参与到家庭民主的进程中来。这种公平、民主的和谐关系，会让孩子产生愉悦之感，也有利于增强孩子的民主意识，提高孩子的素养。

沟通的重要性就在于能互相了解对方的观念和想法，学会与孩子商量才能知道孩子怎么想，才不会形成孩子我行我素的个人主义，而且能让孩子顺利地从自然人过渡到具有社会属性的人。

中国父母不习惯跟孩子商量，所以从现在开始父母应该养成一个意识和习惯，把自己的意见耐心地传递给孩子，让孩子思考判断，然后再行动；耐心听取孩子的想法，把自己置于孩子的思维上，然后结合自己的观点，找出最佳解决方法。

慢慢养成与孩子商量的习惯，可以从哪些方面进行尝试呢？我们可以从以下几个小的方面进行：

1. 做家务上与孩子商量。父母不要命令孩子，如"九点之前把屋子收拾干净！收拾不干净别吃饭"，而是让孩子意识到责任感，在与孩子的商量中，确定各自的任务、时间，或者家里需要购买什么东西，在哪里买，家里的装饰要什么风格等都要听孩子的意见，让孩子参与进来并做记录。当父母与孩子商量的行为形成习惯的时候，孩子就会理所当然地有了责任感。

2. 涉及孩子的事情与孩子商量。例如父母要与孩子依据自己的兴趣来商量报什么样的补习班，而不要为了随大溜儿给孩子报一个他根本没有兴趣的班。又如生活中给孩子买文具、衣服、玩具，还有对孩子的私有物品的处理，都要尊重孩子自己的选择，都要在与孩子商量之后再做决定。当然孩子如果有什么不合理的要求，父母要摆事实、讲道理，进行说明，跟孩子商量，千万不要强制。

3. 去哪玩也要跟孩子商量。家庭决定出去玩的时候，应该让孩子参与进来跟父母一起讨论要去哪玩，想玩些什么，出去的时候应该带些什么东西等，都要结合孩子的想法来予以参考。随着孩子年龄的增长，他会在这个过程中学会办事情的能力、学会事务之间的协调能力，会从整体上看清事物的发展情况。

4. 父母难以决定的事情也可以与孩子商量。例如父母因为时间紧，要出远门，这时不要跟孩子说："我临时有事，你在家别捣乱，好好写作业，我回来检查！"应该让孩子知道事情的缘由，并且用商量的语气说："妈妈有个好朋友忽然住院了，只能让你在家自己待一会儿了，没问题吧，如果你不想一个人在家的话，妈妈可以再想办法，你看呢？"这样把选择的主动权交给孩子，孩子可能会很乖地理解妈妈的处境，而且为了证明自己能行，选择自己照顾自己。这样就培养了孩子的独立性，让孩子感到自己是个大人了而自豪。

当然，因为孩子的各方面经历相对较少，在商量的过程中，难免会有一些不切实际的想法，父母可以从中慢慢引导，让孩子一点点成熟起来，孩子也正是在这一点点的幼稚中慢慢树立自我的。所以父母不要嫌孩子年龄小而剥夺孩子自主选择的权利、认识事物的权利。还有的父母跟孩子商量的过程中，不管孩子怎样的建议和说法都采纳。这就误解了商量的含义，商量不是什么都听父母的，也不是什么都听孩子的，应该是在分析事实的前提下达成和解，让事情朝着更好的方向发展，这才是民主式的教育。什么都听孩子的，很容易让孩子变得狂妄自大、蛮横霸道，那跟我们常说的"家里的小皇帝"就没什么区别了，同时在与孩子商量的过程中所能起到的教育效果也就没有了。

　　孩子是家庭中的一员，家长如果不和孩子商量，等于把孩子排除在外，不但会使孩子脱离社会、适应能力差，而且会使孩子做事不考虑父母和别人的感受，所以商量能增强孩子的责任感。

五、 让孩子多表达自己

父母除了从对孩子的观察中体会到孩子的内心之外，还有十分重要的一点就是要让孩子多表达自己，孩子表达了自己的感受，父母对孩子的内心就会把握得更加深切。尤其是对内向、腼腆的孩子来说，不善于表达自己的内心感受，回到家可能跟父母交流的主动性也不会太强，所以需要父母的引导和刻意练习。因为在现代这个快节奏的社会，一个善于表现自己的人，才能够获得大家的了解和认可。所以，这是一个需要大家极力表现的时代，每个人都有表达自己的权利，而作为孩子，更应该学着去表现自己、表达自己，这样长大后才能成为一个有作为的人。

在我们的生活中，经常有这样的孩子，性格腼腆、不爱说话、不爱与人交流、不善于表现，上课老师提问题的时候，会紧张出汗，甚至发抖。对于这些孩子，父母应该采取一些措施，教会孩子如何与人交流，如何合理地表达自己，这样才能更好地促进孩子的发展。

有这样一个事例：

笑笑有些内向、腼腆，在学校里很少与同学聊天，不善于表达自己，不善于处理人际关系。在上课的时候老师提问题她也不敢发言，也从来没有主动举手回答过问题。在家的时候，也不太表达自己的想法和情感，有时爸爸妈妈主动跟她交流，她也说得很少，而且有些拘谨，好像挨训一样。平时家里来客人，她都有些紧张，不知道如何应对，不敢抬头看对方，到后来就钻到自己的小屋里不出来。所以爸爸妈妈给她取名叫笑笑，希望她能够性格开朗一些，多笑一笑，能够很好地表达自己，与人交往，并且希望她多交些朋友，敞开心扉，获得自信。

生活中不善言谈的孩子有很多，父母在与孩子的沟通过程中，应该充分注意到这一点，只有孩子开始愿意开诚布公地与你交流，愿意不停地表达自己的内心感受，这样的沟通才是双向的，才是健康的。但是生活中，很多父母进入了一个误区，认为孩子可能仅仅是害羞，不愿在人多的地方或公共场合讲话，没什么大不了的，再长大一点就好了，不着急。但是心理学家指出，孩子如果从小不善言辞，那么父母一定要引起注意，因为过于害羞的孩子，在与人交往的过程中出现紧张焦虑、心跳加速、手足无措等现象，可能会产生一种恐惧心理。这种心理如果长时间得不到缓解的话，孩子很可能会变成更严重的社交恐惧症。所以父母不应该拖着不管，应该采取各种措施，引导孩子打开自己的内心，敞开心扉，让孩子勇敢地表达和表现自我、大胆自信地与人交往。从小就开始锻炼孩子表达自己的能力，长大了之后才能变得遇事沉着冷静。那么父母应该从哪些方面对孩子进行引导呢？我们可以从以下几个方面作出努力：

1. 找孩子喜欢的话题，激发孩子的表达欲望。例如孩子都喜欢看动画片，父母可以在旁边装作没看懂或者没看到某一个片段，然后让孩子给自己讲解，还要装作恍然大悟的样子，让孩子获得一种成就感。

2. 跟孩子一起玩游戏。让孩子体会快乐的同时，尝试表达这种快乐的感受，跟孩子的亲昵过程中，让孩子体会到爱与关怀，获得孩子的信任，慢慢引导孩子与自己沟通。

3. 创造机会让孩子表达，同时给孩子适当的奖励。平时多训练孩子的表达能力，给孩子创造表现和锻炼的机会，例如学校里才学的舞蹈，回到家之后你可以让孩子表演给你看，并且对孩子的表演提出鼓励和表扬，如"跳得真棒"或"我们宝宝学得真快"，这样就提高了孩子表达的兴趣，给孩子一些适当的奖励，让孩子享受成功的快乐，激发孩子表现的欲望。

4. 让孩子走出家门，多参加活动，多与人交流。多让孩子参加一些社会上的活动或比赛，例如讲故事比赛、演讲比赛等，让孩子在活动的过程中慢慢战胜自我，慢慢享受这个活动带来的乐趣和体验，可以锻炼孩子的胆量。父母也可以告诉孩子，不要把紧张太当回事，因为谁都会紧张，只要克服了，就一定没问题。同时鼓励孩子走出家门与其他人接触，尤其他的同龄人，多与性格开朗活泼的小朋友接触，这样孩子就会慢慢地受到影响，性格会慢慢开朗起来。

5. 不要过分指责和否定孩子。父母的指责会让孩子产生自我否定的心理，在与其他人交往的过程中就常常没有自信，不敢表达自己。所以父母一定要注意平时多鼓励孩子发表自己的见解，即使再幼稚，也要听听孩子的理由，千万不能恶意打断或者取笑孩子。

心理学家研究还发现，父母的性格对孩子的性格是有一定影响的，那些不善言谈的孩子，很可能父母也是那种性格内向的人，说话比较少。而性格外向、积极主动的孩子，很可能父母也是社交能力较强的人。当父母都不善于向孩子表达自己的感受时，孩子没有就一个可以依循的榜样。榜样的力量是无穷的，而父母对孩子的影响又至关重要，没有榜样，孩子就没有要表达自己的意识，也就变得性格内向，不善言谈。所以在平时生活中，想要锻炼孩子的表达能力，父母也要做好自己的功课，首先提高自己的表达能力，以开朗的姿态和活泼的话语与孩子轻松地进行交谈。

父母要注意，有时孩子不善表达，可能源自父母与孩子之间爱的表达不够，所以父母可以在平时多对孩子说说"我爱你"，这几个字的力量是无穷大的。

六、 孩子也能成为老师

父母放下权威，向孩子学习，能使孩子身上的自信得以无限迸发，让孩子在父母面前感到自豪。同时向孩子学习，本身就是以一种平等的姿态出现在孩子面前，这样就使孩子感受到了尊重，让孩子感到自己在父母面前变成了值得人尊敬的"老师"一样，这样孩子就更容易反过来尊重父母，各方面关系都融洽了，家庭关系自然也就融洽了，而和谐的沟通交流就变得水到渠成。

现在的社会日新月异。孩子面对的世界可能比大人有着更多的可能性，我们的世界几乎已经定型了，而孩子的世界才刚刚开始，是一个每天充满着变化的世界。所以说，有的时候孩子懂的我们不一定懂，父母要怀着谦虚的心，多向孩子学习，不要总端着一副家长的"架子"，新时代的孩子都是"新新人类"，也许早都不吃你那一套了。

现代社会里，孩子也是可以当父母老师的，这就更强调父母与孩子之间的平等关系了。所以父母应该把孩子当成一个生命的个体去对待、去尊重，孩子不是我们的附属物。父母应该在与孩子的交流和沟通中互相学习，互相成长。就像一个社会学家所说的那样：现代社会是两代人共同成长的社会，现代教育是两代人之间的相互影响。

有这样一个事例：

咚咚是一个喜欢发现各种新奇事物的孩子，有一次路过一个街边报刊亭，他发现了一本杂志叫《植物之道》，然后咚咚就看得走不动了。妈妈见他这么喜欢就给他买下了，心想肯定又跟以前一样，热闹两天就扔下了。谁知有一次，他一起看电视，电视上正在放探索一类的节目，里面讲到"苔藓"这种植物。看到一半的时候，咚咚忽然转过头对妈妈说："妈妈，你知道苔藓有多少种类吗？"妈妈说："应该没多少种吧，最常见的就是那种暗绿色的。"结果咚咚告诉妈妈：

"妈妈你错了，苔藓是最低等的高等植物，在全世界约有 23000 种苔藓植物，中国有 2800 多种。而且你肯定想不到，在南极洲还有苔藓的分布呢！"妈妈瞪大了眼睛听着，没想到孩子懂得这么多，连连点头认可孩子，而且还觉得大有收获，听孩子说完，妈妈问咚咚："我的小老师，你怎么懂这么多，真让妈妈这个学生大有收获呢。"咚咚反而不好意思地提起了那本杂志，妈妈原来认为孩子很可能三分钟热度的书，孩子竟然学到了这么多知识。这让做妈妈的她从另一个角度了解了孩子，而且又多了许多的沟通内容和渠道，有事没事妈妈就会充当"小学生"，咚咚充当"小老师"，给妈妈讲了很多妈妈根本不知道的东西，使得妈妈在这个过程中受益匪浅，而且咚咚也很享受做老师的感觉，也觉得自己更有自信了。

孩子有时比大人更能带给人惊喜，能给人带来思考。父母不应该小看孩子本身所散发出来的对一切的好奇心，那是一种巨大潜力，以及对于喜欢的事情的执着。向孩子学习，能让父母更好地反省自己，也让自己的心态变得更为年轻，这样与孩子之间的沟通也更容易。

在现在的社会中，很多大人在世俗的世界里摸爬滚打，对很多人与事抱有很大的功利性和目的性，孩子身上的单纯善良能够唤醒父母早已沉睡和麻木的心。虽然与大人比起来，孩子的经历少，知识累积不足，但是他身上有更重要的东西，这些东西已经在大人身上丢失了好久。所以父母应该认真思考，多看孩子身上的闪光点，提高自己。就像周国平所说的那样："与大人相比，孩子诚然缺乏知识。然而，他富于好奇心、感受性和想象力，这些正是最宝贵的智力品质，因此能够不受习见的支配，用全新的眼光看世界。与大人相比，孩子诚然缺乏阅历。然而，他诚实、坦荡、率性，这些正是最宝贵的心灵品质，因此能够不受功利的支配，做事只凭真兴趣。"

金玉良言

向孩子学习，给孩子做老师的机会，会让孩子找到自信，在成长的路上也更容易确立自我。父母向孩子学习能够唤起自己身上久违的那份天真，让自己活得更简单纯粹。

七、 勇于向孩子说 " 对不起 "

当父母在做错事情的时候，应该拉下脸面勇敢地跟孩子说一声"对不起"，这是对孩子最起码的尊重。父母回想一下当孩子犯错的时候，自己对孩子的态度，是不是要让孩子道歉？父母平时都会教育孩子说每个人都会犯错，因为人无完人，但是为什么父母自己犯了错，错怪了孩子，却因为面子和所谓的威严不去向孩子道歉呢？

父母教育孩子的过程也是一个不断摸索的过程，需要摸索孩子的性格、心理。在这个过程中，再加上父母有时情绪不稳定，肯定会对孩子存在不同程度的误解，而且对孩子的批评方式不一定都是正确的，所以父母也难免在孩子面前犯错。父母一旦犯错，应该立即蹲下来，看着孩子的眼睛，放低姿态，用一种平等的心态向孩子道歉，不要顾及那些没用的面子。要知道，这种时候才正是教育孩子的最佳时机，因为这正教会了孩子每个人都会犯错，父母也一样，更让孩子在以后犯错的时候能勇敢地向别人道歉，而且父母不但没有失去面子，反而用自己的行为给孩子树立了一个榜样。

有这样一个事例：

小倩很高兴地回到家，带着自己的成绩单，因为这次考试她考了个班级第一，正要跟父母汇报这个好消息呢。谁知她打开门"爸爸妈妈"还没叫出口，就被爸爸给教训了一顿，她一头雾水，不知道怎么回事，后来才知道爸爸以为是她把家里一个非常珍贵的花瓶弄了一个口子，爸爸说这个花瓶是他的一个战友送的，十分有意义，就这样让她给弄坏了。小倩委屈地边哭边说不是她弄坏的。爸爸说："不是你还能有谁，家里就你一个人最能闹腾。"不管小倩怎么说，爸爸也不听，她的手里攥着第一名的成绩单，也没心情给爸爸妈妈看了。过了一会儿，妈妈回来跟爸爸说："是我早上不小心碰了一下就掉到地上来了，我大概看了一下以为没坏，没看仔细，跟小倩没关系，别怪孩子了。"可是爸爸还是气哼哼地走了，没有向小倩道歉。小倩哭着跟爸爸要求道歉，谁知道爸爸更生气地说："我向你道歉？开玩笑！"小倩觉得很受伤，心想爸爸怎么这样，平时总教我做错事要道歉，自己却做不到。

孩子做错了被要求道歉，父母犯错了却不认账，站在孩子的角度讲，这太不公平了，追根究底根本就是家长那种高高在上的心理在作祟，把面子看得比什么都重要，认为给孩子道歉就失去了家长的威严。如果不向孩子道歉，孩子会觉得自己没有受到尊重，长时间这样下去，就会变得失去自尊，而且这样的阴影对孩子的成长十分不利。

父母应该明白，在孩子面前不需要做得十全十美，事实上也不可能有人会做得十全十美，犯了错误要道歉是一个人良好素质的体现。孩子的世界是很单纯的，根本想不到父母的什么面子不面子，他想要的只是自己在父母眼里是被重视的，是被尊重的，而根本想不到那么多。孩子的判断很简单，会说对不起的父母是懂礼貌的，是值得敬佩的，而不会向孩子说对不起的父母是说话不算数的，反而会让孩子觉得反感。虽然孩子单纯，但是不代表他没有判断是非的能力，如果家长想要在孩子面前保持"威严"，就要做到"知错就改"，勇于承认错识，学会道歉，因为道歉是人最基本的美德。

父母不要心存侥幸，认为孩子过段时间就会忘记父母对自己的错怪，很多孩子会一辈子记得父母是怎样伤害了他，想要重新赢得孩子的尊重，只有一条路，就是勇敢向孩子说声"对不起"。

第九章
父母——孩子自信和自我的领路人

　　一个孩子如果能够拥有健康的自信和良好的自我，就能够积极地克服困难，大胆做事，那么这个孩子一定是受欢迎的。父母对于孩子自信和自我的确立起到十分重要的作用，从小就帮助孩子建立积极的自我形象，孩子会终身受益。

　　孩子如果没有完善的自我意识，或者自我意识不够鲜明的话，那么他很可能会没有自信，胆小怕事，这样有可能在以后日益残酷的竞争中被淘汰。所以说，父母对孩子自我和自信的确立，影响是十分深远的。

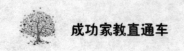
一、 父母说行， 孩子就行

　　孩子自信的确立来源于父母的鼓励和支持，父母的鼓励和支持应该让孩子感受得到，并且让他觉得自己是被认可的，才能在这个过程中明白什么是自己需要争取的，什么是良好的自我形象。父母对孩子最有效的鼓励，就是多跟孩子说："你真厉害！"

　　父母鼓励和赏识孩子的语言和行为会让孩子建立更多的自信，孩子会从这些语言中看到自己的长处，从而肯定自己的进步，而且有信心取得更大的成功。但是如果连父母都经常跟孩子说"你不行"、"连这个都学不会，笨死了"，孩子就会否定自己，对自己的能力产生怀疑，从而产生自卑感。

　　孩子自信心的确立是挖掘自我的重要前提，有了自信才能有坚定的自我，孩子才具备独立的人格和独特的个性。所以父母在树立孩子自信的过程中，应该注意自己对孩子的评价，以鼓励为主，善于发现孩子身上的闪光点，做到为孩子的长处骄傲；不要过分强调孩子身上的弱点，更不要对其进行讽刺。当然父母还应该注意，鼓励并不是过分地夸大和赞美，否则容易让孩子产生骄傲心理，严重时会让孩子感觉不真诚，觉得父母的鼓励只是敷衍而已，当然就达不到鼓舞孩子士气、树立孩子自信心的目的。

　　自信是孩子一种积极的自我形象，父母都希望自己的孩子是一个积极向上、健康自信的孩子。在树立孩子自信的过程中，父母应该慢慢培养孩子独立的个性，让孩子慢慢能够独立完成很多事情，例如让孩子自己穿衣服、洗袜子、整理家务等，给孩子创造表现自我的机会，如果家里来客人可以鼓励孩子表演在学校里新学的节目，同时父母别忘了表扬孩子，在孩子每完成一件事情得到父母表扬的时候，都会从体验的成功中得到快乐和自信。研究者发现，父母一般在众人面前公开表扬孩子的时候，孩子的自信心会增加得很快，会认为自己身上还有更多的优点能得到大家的认可。

父母还要多关注孩子，当孩子有了第一次成功时，父母要格外注意，例如，孩子尝试了很多次放风筝都放不起来，当第一次放起来的时候，父母一定要看在眼里，这个时候的表扬要及时，因为孩子就是靠这个第一次来向父母证明"我能行"的，并且这个时候的表扬是自信心确立的最佳时机。对于一直努力想要获得成功却没有成功的孩子，父母更要关注他一点一滴的进步，不要让他气馁或放弃，更应该对他身上的闪光点进行鼓励，这样孩子才能一点点变得自信起来。

当孩子的自我意识还没有树立起来的时候，他就没有自己的主观判断能力，有的时候会把成人的评价当成一个标准，并且从这个标准中逐渐看清自己的能力，慢慢累积，获得对自我的认知。父母应该认识到这一点，从而给予孩子积极的、有效的评价。

父母对孩子的鼓励或批评对孩子来说都是一种暗示力量，暗示着父母认为孩子"能行"或"不行"，孩子想要得到父母的认可是一种普遍的心理，父母应该意识到这一点。

二、 让孩子在行动中体会"我能行"

现代社会的父母经常会犯一个错误，那就是习惯给孩子安排好一切，让孩子享受现成的，这样一来，就剥夺了孩子自主决断的能力，没有了经过自己的劳动获得成果的成就感，也就没有机会体会"我能行"的快乐滋味。

父母应该放手，让孩子在行动中去努力，然后在这个过程中，体会自己"行"或"不行"，只有在这些行动中有所体会，才能总结经验，吸取教训，最终打开"我能行"的大门。父母要做的就是用各种方式挖掘孩子的勇气、自信和潜能，从而使孩子成为一个能够在生活的各种困难中勇往直前的人，逐渐克服困难，成为生活的强者，面对挫折和失败，都能自信地说出"我能行"。

父母在日常生活中，应该鼓励孩子独立解决一些问题，对其自主性的培养十分有益。孩子的世界是单纯又充满想象力的，每个孩子都是独特的个体，他的思维还没有被框定，所以充满了创造性，父母应该让孩子在生活中大胆尝试，去做自己想做的事，在行动中形成自我、认同自我。正如一位学者所说的那样，处于伟大变革的时代，我们最需要培养孩子的自信心和自主性，以及创造精神。

"我能行"不但是一种勇气，更是一种自信。因为它代表了孩子确立自我能力，能够准确地评价自己的能力和不足，在行动中能够勇往直前，而且孩子最容易在行动中发现自己的能力，在行动中找到自信和自主能动性。自信心与自主性是相辅相成的，所以父母应该培养孩子在行动中敢于克服困难、主动与人交往的能力，将这种能力作为教育的最大目标去实现，并在实际生活中不断地启发、引导和鼓励，让孩子认为"我能行"。

有这样一个事例：

夕颜从小就对小动物有着一种发自内心的喜欢，她平时就喜欢观察小动物的习性，研究怎么喂养这些小动物，对这些东西充满了好奇与渴望。每次妈妈带她去海底世界或者动物园，她都会待很长时间，后来妈妈觉得让孩子在自己感兴趣的事情上放开去做，孩子一定能做好，在满足愿望的同时也能让孩子树立自信。所以妈妈就给夕颜买了一些小鱼、蝌蚪、乌龟、兔子等小动物，她每天放学回家都要给它们轮番喂食，还专门用一个小本子记录它们的生长情况。在这个过程中，她不仅了解了这些小动物的生长习性，而且也培养了她热爱、关心小动物的情感，树立了"我一定能把它们养好"的自信，从中学到了很多东西。

父母在对孩子自信心的培养过程中，应该结合孩子的兴趣，能把孩子的兴趣点发扬光大，孩子就一定能够做好，做好了就有自信了，就觉得"我可以"了。

当然，父母也应该在游戏中让孩子觉得"我能行"，因为游戏对于孩子来说就是生活，游戏是自由的，充满创造性的，而且自主游戏尊重孩子的自主性和独立性，最能让孩子在行动中体会到乐趣和自我，体会到自主选择的快乐，从而让他意识到自己的力量，认为"我能行"。

父母对孩子的鼓励和表扬也是一种强化孩子"我能行"的方式，如果能在游戏中对孩子进行鼓励，孩子的自信心会增强得很快，也会调动孩子的主动性。孩子经常会有一种"我行吗"、"我反正不行"的负面想法，在自主性游戏时，父母的评价就至关重要，因为父母在孩子的心目中是最有威信的，我们的一句表扬往往能够赢得孩子快乐的笑容，唤起他的信心。因此在自主性游戏时，父母应随时给孩子肯定的微笑和赞扬的目光，多用肯定和鼓励的语言和孩子交往，特别是对具有退缩性行为的孩子，在游戏结束后要当着大家的面，在语言和情感上进行积极的评价，让孩子觉得"原来我也可以"、"我能行"、"父母喜欢我"，从而让孩子体验到游戏的快乐，激发孩子对下一次游戏的憧憬，逐渐树立起自信心和自主性。

让我们一起看看一个内向的女孩是如何在父母的引导下变得自信和开朗起来的：

美美是一个内向的小女孩，平时在家父母很娇惯她，几乎不让她做任何事，她也不跟别的小朋友玩，因为小朋友玩的那些游戏，她都不会，所以只能远远地看着，虽然也很想参与进去，但是总有一个声音告诉她"我不行"。有一天，妈妈又看到美美躲在远远的地方，看别的小孩子在小区广场里玩游戏，于是就跑过

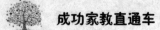

去蹲在美美面前问："美美是不是也很想去玩啊，你也去加入到他中吧，你肯定会很棒的，你那么聪明，妈妈相信你。游戏是有规则的，你是因为不知道规则而觉得不会，让小朋友们给你说一下规则，游戏是很好玩的。"说着妈妈跑到小朋友中间让小朋友邀请美美来一起加入，这时美美才去了。妈妈在旁边看着，时不时地表扬说："美美学得好快，第一次玩就这么厉害！"后来美美渐渐变得开朗起来，也跟其他孩子成为好朋友，不再把"我不行"挂在嘴边了，而是面对很多事情都想去尝试，在尝试的过程中体会到"我能行"的快乐和自信。

放手让孩子去多做一些事情，让孩子在行动中找到自我，找到"我能行"的力量。这样时间长了，孩子会觉得原来一直是爸爸妈妈做的事情，如今我也可以做到了。相信这样的感觉对孩子来说是再棒不过了。

父母要为孩子创造一些条件，让孩子多行动、多思考、多锻炼，给孩子权利和时间去安排他自己乐意做的事情，他会在这个属于自己的时间里，充分发挥主观能动性，从而找到自信。

三、 孩子自己动手胜过被动接受

孩子应该从小就被一种观念灌输着，那就是自己的事情自己做。父母用这句话来培养孩子的独立性和自主性。但是现代社会，很多时候这句话都流于形式，因为很多父母经常对自己的孩子宠溺到了一定程度，恨不能将孩子的一切都安排好。该孩子自己做的事情，父母也都早已经做好了，孩子只管"衣来伸手饭来张口"就可以了，所以孩子的自主能力很差，而且慢慢地没有了要独立完成自己力所能及的事情的意识。这对于孩子来说是很可悲的，面对这种情况，父母应该负很大的责任。

父母应该对孩子从小进行这种"自主意识"的培养，让孩子自己动手去做该自己做的事情，并且自己决定一些事情。当然在面对一些重要的事情、孩子无法决定的时候，父母应该给予帮助，提出自己的想法供孩子参考，但是要用一种商量的口吻，让孩子在多种方法的指引下选出最合理的方法。

让孩子自己动手、自己决定，培养了孩子的主观能动性，有利于孩子自我的强大、自信的确立。父母应该跟孩子说，年龄小但是也要承担一定的责任，而且随着年龄的增长，责任也会越大。很多事情是只能自己去完成的，不能依赖别人，你如果不做就没有人会替你做，出了状况，你自己要负责一切。培养孩子的责任感，同时有利于孩子在力所能及的事情中找到自我，锻炼自己的动手能力和独立性。只有从小对孩子进行这样的教育，孩子才能形成一种"对自己负责"、"自己的事情自己做"的意识，才能强化孩子的自主意识。

在我们的日常生活中，经常看到这样的景象，爷爷奶奶或爸爸妈妈在送孩子上学的过程中，大人背着书包，而孩子空手在大人后面蹦蹦跳跳地跟着，大人还时不时地在前面喊："快点走啊，我的小祖宗！待会要迟到了。"孩子跟在后面不以为然。这样的情景几乎每天都在发生，司空见惯到甚至快让我们觉得这是一种合理的现象，没什么大惊小怪的，也就在这个现象中麻木了我们的意识和思维，让我们不去思考其中的问题。似乎大家都这么做的事情就是对的，可是这个现象并不正常。

有这样一个事例，希望能引起我们做父母的深思：

苗苗上学的第二个学期，一天早上，奶奶送她上学。奶奶背着书包在前面哼哧哼哧地走着，她在后面优哉游哉地踢着路边的小石子，奶奶回过头跟她说，"你快点吧，马上要迟到了。"她这才加快步子走了起来。奶奶给她送到学校门口的时候，她从奶奶手上接过书包，还抱怨地说了一句，"妈妈都给我书包里装了些什么东西啊，怎么这么重？"边说边走进了学校，连跟奶奶说再见都没有。下午学校放学，苗苗一回到家就哭起来了，边哭边跟妈妈说："我今天上学迟到了，都怪奶奶早上叫我起床太晚了，老师还批评了我。我以后不想让奶奶送我去学校了。"妈妈一边擦眼泪一边说："好好，以后妈妈送你去学校，别哭了宝贝，带你出去吃好吃的。"

起床、穿衣洗漱、背起自己的书包、上学，本来都是孩子自己该做好的事情，这应该是孩子的责任，是他分内之事。父母如果没有进行教育的话，孩子起床必须要大人叫、好说歹说地哄着才行，穿衣洗脸也会等着让爸爸妈妈来做，书包由爷爷奶奶背，上学也是为了父母老师而学，没有一件事情是自己的。因为父母根本没有给孩子"自我意识"的教育和培养，没有让孩子在做力所能及的事情过程中发觉"自主能动性"的快乐，没有培养孩子对自己负责的责任感，所以孩子没有养成自己动手解决问题的能力，甚至没有养成要靠自己的能力去完成一件事的意识。这是父母该反省的地方。

父母应该跟孩子说，起床、上学是你自己的事情，家里的任何一个人都没有义务替你包办一切，每天不应该等着家长叫你起床，应该自己在闹钟的响声中起床，再困也要起来，起不起来、迟不迟到也是自己的事情，只能由自己去负责，不能依赖爸爸妈妈，不能把责任推给父母，要养成自己的事情自己做的习惯。在父母的引导和教育下，孩子应该有能力完成自己职责范围内的事情，同时还会帮父母分担一些事务，当孩子开口对父母说"这件事我来吧，我能干得好"的时候，就是孩子已经有了一定的责任感和自主性的时候。

有的时候孩子会在一些事情上表现出一定的犹豫不决，不知道该如何处理，而且面对一些棘手的事情时，潜意识地想要逃避，不知道该如何选择。但是对于孩子来说，选择是一种能力，这种能力也需要父母从小进行培养，因为选择有的时候是与自己的责任和能力连在一起的。自己的行为就要自己去负责，为了自己的责任就要进行正确的选择，而孩子在选择的过程中，才能更加明白什么是责任，什么是自我的确立和自主能动性的重要性。因此父母在这个过程中，对孩子这种观念的树立十分重要，而且父母应该放手把选择的权利交给孩子，应该相信孩子有能力对自己负责。

　　做父母的经常是"爱你没商量"，这样的爱是对孩子自主能力和自我选择权利的剥夺，父母为孩子安排好一切并不是对孩子的爱，反而增加了孩子成长过程中要付出的代价。

四、 收获真实的自我——培养孩子自我意识

　　父母在跟孩子交流的过程中，应该注意尊重孩子各种情感的表达，因为孩子在真实情感的表达中，有着最真实的自我意识，有着自主能力的显示，这对于孩子自我意识的建立，以及自我形态的确立和自信心的形成，有着十分重要的意义。父母应该放低姿态，像朋友一样地与孩子相处，不要干预孩子真实情感的流露，这样才能体会到孩子内心深处不曾对自己表露过的喜怒哀乐，这样的孩子才是真实的。所以父母要想让孩子获得真实的自我，获得更多的自信，就应该去接受孩子的每一份情感，在用宽容和理解帮孩子分析他情感的基础上，建立完善健康的自我意识。

　　童年期的孩子就已经开始形成自我意识了，那时的孩子感官相对敏感，对于父母的意志很容易接受，而且很容易被塑造。所以在这个关键时期，父母应该用自己的意识来引导孩子，强化孩子的意识，使得孩子的自我角色逐渐鲜明起来。当然父母也应该特别注意，对于孩子的引导一定是积极正确的，拒绝对孩子进行坏的暗示，因为一旦形成消极力量的意识，孩子的自我意识就会出现偏差，就会出现性格、人际等方面的问题。

　　有这样一个事例：

　　囡囡到她的外婆家过暑假，爸爸妈妈说过完暑假再来接她回去。这个小女孩在一个新的环境里刚开始不太适应，对于很多新鲜的东西充满了好奇心，可是又不敢去碰。有一次她看到外婆的邻居家里有一个十分好看的陶瓷娃娃，她一直盯着看，十分喜欢，想伸手去摸摸，外婆看到她期望的眼神之后，就跟邻居说了一下，经过同意之后外婆就鼓励囡囡去把那个陶瓷娃娃拿下来看一看，但是小女孩好像害羞似地把伸出去的手又缩了回来。外婆就想让孩子在自己喜欢的东西面前

争取，试图说服她，可是孩子说："不行，妈妈说不让我动人家的东西。"在已经得到外婆的允许下，仍然害怕妈妈的责怪。

这个案例说明，在囡囡的日常生活中，每当囡囡想要因为自己天性的驱使去干一件事的时候，妈妈总会在旁边说"不能动，小心弄坏"或者"不准碰那个，小心我揍你"之类的话，经自己的主观意识以这样无情的方式剥夺了孩子的自我意识，压抑了孩子的天性，让孩子总有小心翼翼的心态，不敢勇敢地做自己，这种消极暗示的语言对孩子的自我形成是十分不利的。

有心理学家研究说，3 岁左右是孩子形成自我意识的关键时期。两三岁的时候，正是孩子的天性发展得十分明显的时候，他好像是受着天性的指引，自己做决定，就像抓着什么都往嘴里塞一样，虽然不知道是什么东西，但是天性让他那么做，而且不允许他人的干涉。这时候的孩子，反抗的欲望十分强烈，但是这是孩子最初的保护自我和寻找确立的显现，父母这个时候不要过多地干涉孩子干什么，也不要催促他做什么。当孩子想要去研究一个他不知道的东西时，就让他去；想要不穿鞋地疯跑，就由他去；想要不顾衣服干不干净地玩沙子，就让他去玩。父母要注意不要自己去决定让孩子干什么，不要规定，更不要给孩子说"不要怎样"，"不准怎样"这样的话，不要用生气的语气呵斥他，这对于孩子自我意识的初期形成会起到限制发展的结果，如果孩子确实有不到位的地方，或者哪些事情确实不能做，父母应该学会用有趣的语言和事情来积极引导孩子，让他自愿按照大人的话去做。

有时候孩子的反抗并不是叛逆，而是用这样看似叛逆的方式来表达自己，证明自己的独立性和自主性，也就是要求父母对待孩子要像对待一个自由的生命个体一样，要维护他的自我意识。所以父母最好按照孩子的想法去接受和理解，而不是强加自己的主观意志给孩子，让孩子刚要确立起来的自我变得压抑起来，甚至为了捍卫自我而变得反抗和叛逆。心理学家曾经做过这样一个追踪调查：在 2~3 岁的孩子中各抽出 100 名反抗性较强和几乎没有反抗性的孩子，追踪调查他至青年期的情况。结果发现，在反抗性较强的 100 个孩子中，84 人意志较坚强，有主见，有独立分析和判断事物作出决定的能力；在反抗性较弱的孩子中，只有 26 人意志较坚强，其余的遇事都不能独立承担任务，作出决定。由此可见，孩子的反抗行为并非是一件坏事。只要他反抗得有理有据、合情合理，那么这种行

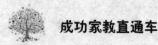

为将有益于他以后独立人格的发展。

很多父母都乐意聆听孩子表达那些正面积极的情绪，而对孩子生气、伤心等负面消极的情绪却难以理解，并不去用心体会孩子内心的感受。所以父母应该充分注意自己的教育方式，避免起到负面作用，对孩子不合理的反抗行为，不能简单粗暴地进行打压，应该引导和转化，有时可以采取冷处理的方式转移孩子的注意力。

金玉良言

父母应该从小多尊重孩子，肯定他各种真实情绪的表达，各种天性的自然发挥，因为孩子正是在这些情绪和自由中逐步完成自我的建立的，父母应该积极完善和引导，而不是打压。

五、 好父母引导、帮助孩子确立"自我"

　　孩子自我的确立，首先就是自我情感的自由发挥，当然这里的自由并不是随意发挥，而是合理的、适度的。否则一味地任由孩子发展，天性中的消极成分势必也会发展壮大，要求任何事情都按照自己的意愿来执行，这样会使孩子养成过分自我的坏习惯，影响孩子的成长。

　　自我的确立，需要孩子从小明确自我的一个界限，这个界限一定不要模糊，否则孩子会逐渐失去自我，没有主见，在与别人的交往中也会一味地委屈自我，不懂得怎样争取自己应该拥有的权利。自我界限不明确，对于以后孩子的成长都有不利的影响。父母应该调整自己的教育方式，帮助孩子从小确立自我意识，维护自己的正当权利，明确自我界限，这样才能让孩子拥有一个健康、积极的自我。

　　有这样一个事例：

　　菁菁在很小的时候，爸爸妈妈就教育她所有的事情都要学会站在别人的角度上去想问题，自己的东西也要与别人分享。即使她心里有一百个不愿意，父母也会让菁菁把自己喜欢吃的东西和喜欢的玩具拿出来与小朋友们共同分享，有的时候菁菁也会反抗，大哭着抱着自己的玩具说："这是我的玩具，我不想让他玩。"可是父母这时会生气地说："这孩子怎么这么不懂事，还这么小气，就让别的小朋友玩一下又不会给你弄坏。"说着会硬把玩具从菁菁手里夺走递给别的小朋友。等到菁菁逐渐长大的时候，当自己的需求与别人的发生冲突时，菁菁也会采取退让、委曲求全的态度，一味地迎合他人的需求，陷入了无法拒绝别人、不敢说"不"的不良沟通模式中，在与同学朋友的交往过程中，总担心别人会不高兴，经常是心里有着十分的不情愿，可还是会答应别人的要求，所以她总是做着自己不情愿做的事情，心里十分痛苦。

可以看出，父母的教育方式是十分重要的，对于孩子自我意识的形成和确立有着很大的影响。这种教育观念的误导，很容易让孩子养成压抑自我、忽视自我情感、否定自我意识的消极情绪，孩子逐渐会认为"自己的感受是不重要的"，在生活中就会一味地满足他人需求，而忽略对自我的关照，使得自我界限很不明显，这对于孩子健康自我的确立十分不利。

心理学家指出，自我界限是自己与他人之间情绪上、空间上以及生理上的距离。在距离安全的前提下，个人界限会在自己面临选择时帮你辨别哪些事情是可以接受的，哪些是需要拒绝的。也就是说，有的时候孩子知道什么时候该说"不"，有了合理拒绝的能力就是有了初步的自我意识。有些要求如果不懂拒绝就会让人的身心感到不适，或者受到伤害，所以拒绝有时对于孩子来说是一种自我保护的能力，父母在教育孩子的过程中，要努力培养孩子树立自我意识，学会保护自己。

菁菁的父母没有意识到当孩子强调"我"的时候，其实是一种正在划定自己与他人界限的行为，也就是说孩子开始发展自我意识，有了"我"与"他人"的界限，开始认识到什么是自己的，什么是不想让别人拿走的。这是孩子自我意识的最初姿态，这时父母不要过分压抑孩子的自我意识，也不应该过分否定，很多家长在这种情况面前总是责备孩子，并强迫孩子与他人分享，孩子如果不那样做就会受到父母的责备，而孩子有时会为了避免受责备而采取压抑自己的退让原则，这样时间久了就会破坏孩子的自我界限意识。孩子的"自我意识"开始出现的时候，会觉得"我的就是我的，除非我愿意否则谁都不能抢走"。因此，父母应该采用理性的态度来对待孩子的自我姿态。

父母要做的应该是帮助孩子划定自己与他人的界限，这样孩子才能逐渐意识到什么是自己所有的，而且在碰到各种选择的时候，才会明白什么是自己可以去做的，什么是违背自己内心意愿、为了尊重自己内心而不愿去做的，才能去合理地拒绝别人，让自己收获一个健康的自我。这样孩子才能在尊重自我和他人的前提下，很清楚当自己与别人的利益冲突时如何作出适当的选择，敢于诚实地面对自我的需求，进而有能力对自己进行保护。

如果孩子从小缺乏对自我意识的培养和维护的教育，那么压抑在内心的自我意愿，会在经过长时间的发酵之后以各种形式被激化爆发出来。就像菁菁那样的孩子在长大以后会为了避免冲突而一味退让，害怕与人对抗，习惯取悦于他人，只考虑别人而忽略自己，对于拒绝有着深深的畏惧，如果严重的话，这样的情绪会以焦虑症的形式爆发出来。

父母应该学会肯定孩子各种情感的表达，孩子大哭也好、反抗也好，都是对自我意识的强化和占据，父母首先应该表示尊重。当孩子为了强调东西是自己的而使劲占有不让别人动的时候，父母不应该跟孩子去夺或者责骂孩子不懂事，而是应该跟孩子商量，让孩子意识到"这东西是我自己的，你得经过我的同意才能拿去与人分享"。父母在这个过程中，应该尊重孩子的自我意愿和个体选择，并且把选择的权利交给孩子，这样才不会对孩子的自我意识形成压迫。

当孩子对很多事情作出选择的时候，父母要做的应该是尊重孩子的意愿。当孩子面对事情又不知道怎么选择的时候，父母应该鼓励孩子倾听自己内心的声音，从"我最想达成的意愿是什么"出发来作出选择，强调孩子的主体性，鼓励他摆脱束缚，自由表达，让天性合理发挥，从而帮助孩子在不断练习和引导的过程中确立自我。

能成大事的人都有着明确的自我，自我明确才能知道自己的目标，才能更加明白自己的优点和不足，完成自我塑造。父母应该从小进行引导，承认孩子的各种感受，维护孩子的自我发展。

六、 让孩子在认识错误中认识自我

苏联著名教育学家苏霍姆林斯基曾说，人在童年和少年时代，快乐和幸福如果得到得越容易，那么他在成年的生活中就越不懂得什么是真正的幸福。同样，一个人如果能够在童年和少年时代将所犯的错误都累积成经验，那么在他成年的生活中就能更加明白幸福的来之不易，才能学会珍惜。

孩子不能怕犯错，父母也不要排斥孩子犯错，人都是在错误的磨炼中才长大的。在不同的错误中总结经验教训，对所犯的错误进行认知，看到自己的不足，继而提高自己，才能更一步地认识自我。

孩子因为年龄和经历的限制，难免会犯错误，很多时候孩子犯错是由很多原因造成的，父母不能在面对孩子过错的时候大声责骂，这样会使孩子在以后的生活中不敢尝试，怕犯错误而不去行动，无法在行动中认识自身，无法在认识自身不足的过程中认识自我，很容易让孩子养成畏首畏尾的坏习惯，最终造就没有独立、决断的自我。所以当孩子犯错的时候，父母应该引导孩子勇敢面对自己所犯的错误，让孩子知道自己哪些方面做得还不够好，哪些方面需要改正，以此让孩子积累经验，以便以后不再犯错，从而对自我认知也更清楚。

当孩子在犯错的时候，父母应该鼓励孩子，表扬孩子的优点让孩子觉得自己不是那么差，但是不能让孩子逃避自己所犯的错误，这是对真实自我的逃避，逃避了这些，就无法获得孩子对自我的认识。所以父母不应该对孩子该批评的地方视而不见，时间久了会让孩子觉得自己什么都对，对自己的认识就进入一个"盲目的自我优越感"的状态，从而无法正确认识自我。

父母应该培养孩子在对错误的正确认知中逐渐认清自我。

有这样一个事例：

娟娟这次考试又没考好，心情沮丧，拿着试卷不知道回家该怎么面对父母。回到家后，爸爸看着娟娟提不起精神、欲言又止的神情，心里已经猜出来八九分。于是爸爸笑着跟娟娟说，"是不是有话要对爸爸妈妈说啊，爸爸听着呢，保证不管什么事情都会跟你好好商量的，不会不讲理的，快跟爸爸说，爸爸等不及要听了呢。"娟娟听到爸爸这样说之后就把试卷掏了出来，爸爸看到之后，让娟娟坐到自己身旁，摸着她的头说，"考得不好不是什么丢人的事，但是如果不敢面对这些，不把这些问题都改正了，不知道为什么犯了这些错误，那么下次再在同一个地方跌倒的话，就是个没有进步的孩子了，懂吗？"然后让娟娟跟自己说每一道错误的题目，自己当时是怎么想的，为什么错了，错在哪里，一边问一边帮孩子分析，还让她记到自己的改错本上，最后还让孩子对自己做个小结。原来问题的大部分都不是因为孩子基础知识不牢固，而是因为粗心大意，导致她在计算过程中犯了不该犯的错误。在爸爸的指导下，娟娟认清了自己的问题，所以在小结中写下了"下次一定要细心细心再细心"的警示语来勉励自己。

孩子已经犯错了，父母再责备也无济于事，而是应该跟孩子一起面对错误，引导孩子从认识错误的过程中认识到自己的问题，在认识问题的时候进一步认识到自我的不足。认识到自己有粗心大意的毛病，就会在以后的人生经历中，杜绝这方面的错误，同时一步一步地完善自我。

因此父母不要用语言暴力和行为暴力来对待孩子所犯的错误，而是把这些错误当成宝贵的财富，当成教育孩子的良好时机。从对孩子错误的分析中，帮孩子认识自我，提高自我。父母可以跟孩子进行以下几个方面的训练，来帮助孩子认识错误、认识自我：

1. 让孩子养成自我反省的习惯，在反省中更了解自己。父母帮助孩子分析为什么错了、错在哪里了、自己有什么问题。

2. 经常问孩子一些问题来强化孩子的自我意识。例如，碰到这种事情，你怎么做？你怎么看这件事情？下次你会怎么做？多做这些方面的假设，让孩子在这样的训练中，渐渐形成对自己的正确认识。

3. 鼓励孩子学会认错，并及时纠正错误。不要用强迫式的姿态逼着孩子去认错，父母要掌握好方法，因为如何处理孩子所犯错误的方法，比孩子犯的错更值得父母去思考。

　　孩子需要父母在他犯的错误面前进行理性地分析，帮助他认识自我，而不是一味地责骂，否则会使孩子更不知道自我该如何定位。如果孩子产生了反抗或自卑心理，对自己的定位就会更容易出现偏差，那么对自我的认识会进入一个误区，例如会认为自己天生不聪明、天生讨人嫌等，在这些误区中，孩子对自我的认识不但不清醒，反而会容易走极端，最终造成不良后果。

　　父母要重视孩子所犯的错误，及时对孩子的错误作出适当的反应，指出身在困境中的孩子身上所具有的优势与潜力，让孩子变得更强大，更有明确的自我。

第十章
家庭教育忌讳什么

　　父母都想把自己的孩子培养成优秀的人才，这几乎是每个家庭的心愿，但是将孩子培养成才是一个漫长的过程，同时需要科学的家庭教育。家庭教育也是一门艺术，需要结合当下的时代背景和孩子的心理来进行，教育的过程中会有许多的指引也会有许多的禁忌，很多在以前管用的教育方法不一定对教育现在的孩子有用。所以父母应该明白家庭教育需要什么、忌讳什么，掌握了正确的教育方法，才能做好一个合格的父母，才能教育出优秀的子女。

　　教育的根本目的是培养孩子、发展孩子。家庭教育需要与学校教育充分结合，才能完成对孩子的塑造，任何一个环节出现问题都有可能对孩子的身心造成影响。父母能做的就是维护好孩子在家庭中应该受到的教育，不要进入教育误区，不能犯家庭教育中忌讳的规则，然后再与学校教育良好地结合，才能达到理想的教育效果。

一、 忌讳父母独断专行

我们做父母的有时候很矛盾，一方面教育孩子要自己的事情自己做，另一方面又为孩子打点好一切，任何事情父母都是说了算，在孩子面前独断专行，剥夺孩子自己做决定的权利。父母在这个时候会说，孩子还太小，什么都做不好，还是等长大一点再让他自己做吧，现在还是听我们的吧。可是不给他长大的机会，孩子什么时候能长大？

家庭教育中，十分忌讳父母以权威压制孩子，认为孩子什么都要听自己的。本来该孩子做的决定，父母都替孩子做了。这是不健康的家庭教育模式，父母对孩子应该起到引导、建议的作用，而不是掌握生杀大权，该孩子决定的事情要交给孩子去做，不能独断专行。

在父母看来，为孩子准备好一切，让孩子按照自己的意愿去执行，是为孩子好，"我们都是为了你好"是最常挂在父母嘴边的一句话，虽然父母的这种心愿和出发点是好的，但是并没有真正碰触到孩子的心底，反而给了孩子很多的压力，让孩子在自我的成长过程中，多出了很多烦恼。殊不知，父母想要避免孩子走弯路的想法是不切实际的，人生中有很多弯路是必须自己去走的。只有经过挫折风雨，才会真切地体会到彩虹到底有多美。

有这样一个家庭的孩子，发出了自己的心声，希望天下的父母都应该听听孩子内心的声音：

小小根本不爱上钢琴课，可是爸爸妈妈非要给他报一个钢琴班不可，每天逼着他去上课，从学校放学之后自己一点玩的时间都没有，他觉得自己根本没有快乐。他也跟父母说过自己根本不喜欢弹钢琴，不想去上课了，想跟小朋友去踢足球，可是爸爸妈妈说："踢球有什么出息，我们费尽心思才攒够了钱，给你买了一架钢琴，你就不想学了，你对得起我们吗？"小小就不知道说什么了。他回到自己的房间打开日记本，写了下面的话：爸爸妈妈给我安排好了一切，看到别的小朋友都会弹钢琴非要让我也学，可是我真的不喜欢，我不想被妈妈封闭到小屋子里练习钢琴，我想和小亮一块在绿绿的草坪上踢球，我想那样我才能快乐一些。可是爸爸妈妈也为我付出了这么多，我想放弃钢琴又觉得对不起他，真希望父母哪天能让我自己决定，我一定会选择我喜欢的事情，而不是像现在这样，父母给我决定好了一切，我不知道该怎么办。

父母经常用"对得起我们吗"来压迫孩子小小的心灵，孩子可能本来就觉得会辜负父母的心愿，心里就有一种负罪感，父母这样说反而会加重孩子的心理负担，让孩子的成长不但没有快乐，反而多了很多忧伤。

家长总以过来人的身份自居，认为自己走过的桥比孩子走过的路都多，觉得自己有权利为孩子引导未来的路，按照自己认为对的标准去要求孩子，这样难免就进入了"独断专行"的误区。父母在这样做的时候缺乏思考，做的只是不顾孩子感受的施加，命令孩子必须去承受，而忘了问孩子"这些是不是你需要的"，这样一来就与孩子之间建立了一种对立的局面，对父母与孩子之间的沟通十分不利。

孩子在面临重大决定的时候，因为生活经历和常识的判断较少，父母可以替孩子做决定，但是要以商量的口吻跟孩子分析，给他提出宝贵意见，协助孩子作出决定。但是，这并不意味着无论什么事情，父母都有权利去大包大揽。这样的话，会使孩子慢慢地失去自我，没有自己的做事风格，很容易阻碍孩子优秀思维的拓展，从而加大与父母之间的沟通障碍。

金玉良言

独断专行的父母过多地干扰了孩子个性的独立发展，对孩子成长不利。父母应该少教训多沟通，少命令多指导，少指手画脚多开导建议。

二、 忌讳父母过度保护孩子

当今社会，很多父母对孩子过分溺爱和过度保护，恨不能将孩子时刻捧在自己的手心里永远不要经历风吹雨打。这样一来，就造成孩子生活能力很差，很容易抱怨生活，把父母的付出当成是理所当然，不懂得回报，而且还专横任性，过分自我，承受挫折的能力也差。我们见过很多因为考试成绩不好，或者父母无意间说了一句口气重的话就离家出走甚至放弃生命的事例。这些活生生的事例，都在提醒着我们家长家庭教育中的一个禁忌：不能过度保护孩子。

很多父母的心态是有问题的，尤其是现在社会上极端案例越来越多，他就认为社会是危险的，孩子一旦进入社会就必然会受到伤害，受到外界的诱惑而变坏，所以宁可孩子成天待在自己身边保护起来，也不想让他接触社会，认为只要做好孩子认真学习科学知识的本分就好了。这种认知的错误就在于忽略了人的社会性。孩子总有一天会长大，是要走进社会的，承担作为一个社会属性的人该承担的责任，并且在社会的不断磨砺下才能变得更强大。

如果孩子不经过社会的锻炼，只知道像父母期待的那样成为一个"两耳不闻窗外事，一心只读圣贤书"的"书呆子"，在日新月异的社会变革中，没有适应社会变化的能力，空有一肚子墨水也是无法发挥效应的。所以，父母不要把孩子"圈养"起来加以保护，而应该让孩子成为草原上奔腾的骏马，在更广阔的社会中发挥自己的潜能，磨炼自己的意志。也就是说，父母不但要督促孩子的学习，更应该让孩子多参加社会活动，了解社会动态，强化孩子的社会身份，把孩子培养成一个具有责任心的、有担当的人。

对孩子过分溺爱、过分保护，都是对孩子自身能力的不信任，也是对孩子该有的权利的剥夺，每个人来到这个世界上都是为了获得更多的生存体验，收获多姿多彩的生活经历，从而发展成为一个独立的个体，而不是受父母支配，以"爱"的名义剥夺孩子接触社会、成就自我价值的权利。

有调查显示，父母对孩子的过度保护，容易让孩子变得封闭起来，对外界信息没有兴趣，生活消沉没有活力，找不到自己的价值。这些被父母以"爱"的名义保护起来的孩子应该是社会上需要关注的群体，而这个群体的父母也更应该反省。父母应该尝试让孩子多接触外面的世界、多了解世界各地的信息，看看这个世界每天在发生什么样的变化，也要鼓励孩子多参与各种各样的学校活动和社会活动，在与人的交往中体会乐趣，在集体中培养荣誉感，这样才能不脱离群体，才能让孩子更明白自己的责任，才能打开孩子的心扉，去接受更多的训练，增强自己承受挫折的能力。

因此，从小锻炼孩子在不同的人生阶段去经受磨炼，积累生活经历，这样孩子才能是一个内心丰富的人。所以父母千万要杜绝把孩子只放到自己身边，将孩子保护起来变成温室里的花朵，这是家庭教育中十分忌讳的。从小就让孩子自由成长、进行挫折教育，在与社会的交往中明白责任，这些都是需要父母的引导来打开孩子心扉才得以完成的，是现代家庭教育中不可或缺的一部分。

现在社会孩子几乎是一个家庭的全部，正是这样父母才小心谨慎地把孩子看护得那么紧，殊不知孩子就像手中的沙子，握得越紧流失得越快，所以父母不妨放开孩子，让他去经历风雨。

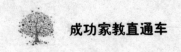

三、 忌讳父母当众揭孩子的短

孩子虽然年龄小，但是自尊心是十分强烈的。大人有的时候会因为拉不下脸面而不跟孩子道歉，可是他想不到孩子也是有面子的。很多父母不了解这一点，经常当着很多人的面数落孩子，过后父母可能会忘了曾经说过些什么，但是这些话留给孩子的阴影也许一辈子都无法消失。

家庭教育中有很重要的一条，就是保护孩子的自尊心。孩子的自尊心是十分宝贵的，这几乎是他获取自信和自我的力量。父母没有权利去伤害之，所以现代家庭教育中十分忌讳当众揭孩子的短。孩子犯错是难免的，大人需要做的是理解孩子的处境，耐心地帮助孩子分析不足之处，不要急于求成，更不能在众人面前数落孩子的不足和过错，这就相当于往孩子的伤口上撒盐，不是聪明的父母应该做的事。"人前教子"的做法已经不适宜现代教育了，所以父母一定要避免这种方法的运用，也不要总拿自己孩子与别的孩子进行比较，这种不恰当的教育方式是对孩子自尊心的极大伤害。孩子的自尊心一旦受到伤害，就是很难建立起积极的自我形象，孩子会丧失自我认同感，做事没有自信、不敢尝试，胆小怯懦，无法收获真实的自我。

相反，如果父母能够在众人面前夸奖孩子，那么孩子的自信心就会很容易建立，孩子会觉得自己是受到父母关注的，父母是喜欢自己的，是以自己为骄傲的，这样一来就会更加卖力地做好自己的事情。可见，当众揭短和当众表扬，所起的效果是截然不同的。

我们看看以下事例中父母的行为对孩子的影响吧：

李林和刘夏的妈妈是好朋友，两个大人经常带着她们俩在一起玩，两个大人在一边聊天，两个小孩就在旁边玩得很高兴。大人之间聊天有的时候难免就会说到孩子，李林妈妈对刘夏妈妈说："看你们家刘夏多乖啊，又懂事学习又好，再看看我们家林林在家就淘得不行，管都管不住，每次去开家长会都让我抬不起头来，真是没办法，看来她的学习是没指望了。"结果有一次被李林听到了，而且后来又有很多次当着她的面，妈妈就对刘夏妈妈说自己有多不好，而刘夏有多好之类的话。从那以后，李林心里总是闷闷不乐的，学习更没有动力了，而且再也不跟着妈妈去见那个阿姨了。

有些孩子的缺点和不足，父母明白之后需要去积极地引导和改正，是不能放在大庭广众之下人尽皆知的，这对孩子的心理造成的伤害是无法估量的。很多孩子因而完全丧失了自信心，心里想：反正父母都不认同我了，我可能真的没出息吧，连这点事情都做不好。更有甚者，破罐子破摔，自暴自弃，对父母产生严重的叛逆心理，跟父母对着干。这样就让孩子的成长受到很大影响。

因此，父母要选择合理的方式来面对孩子的不足，当别的父母在说他自己的孩子有多优秀的时候，父母不能谦虚地"贬损"自己孩子来作为礼貌的回应，因为孩子的思想很单纯，会以为你说的都是真的，会把你说的一切当成是你对他的看法，这样就会给孩子造成一定的伤害。所以，父母不应该当众把孩子的缺点暴露出来，给孩子一点面子，这也是对孩子的一种负责。当然更重要的是要用一种平常心去看孩子的缺点，谁都会犯错误，更何况是孩子，父母在面对孩子的时候不要气急败坏地批评，这种伤痛是难以抚平的，而应该耐心地开导和宽容地理解，这样孩子才能去改正，并且做得更好。

打人不打脸，骂人不揭短。这句俗语是对的，尤其是父母面对孩子的时候，更不应如此。孩子犯错是正常的，爸爸妈妈在给孩子纠错的时候要选择维护孩子尊严的恰当的方式。

四、 忌讳父母扼杀孩子的好奇心

对一切事物有一种好奇心和新鲜感，总想弄清楚这个世界是怎么回事，这是孩子的天性使然。当孩子对世界充满好奇心的时候，是孩子在逐步认识这个世界的阶段。这是孩子成长的良好驱动力，父母不应该用成人的思维去理解孩子，认为孩子的好奇心都是没用的，而给孩子强加一些功利性的东西。这是违背孩子天性的。孩子有了好奇心，才会对各种知识充满兴趣，才会想要去了解别人，了解自己，可以说是与这个世界进行连通的桥梁。所以说好奇心对孩子来说至关重要，父母不应该扼杀孩子的好奇心，这也是家庭教育中十分忌讳的，父母应该充分注意。

当孩子面对未知的世界时，就会有各种各样的"为什么"要问父母，这些问题在大人看来很幼稚，有的父母就没有耐心去听，总是对孩子有一种不耐烦的表情，要么随口回答，要么置之不理，甚至被问得生气了，会说："别胡思乱想了，没有的事。"就这样把孩子的想象力与好奇心给打断了。这样的话语听得多了，这样的打击多了，孩子就不敢多问了，逐渐被大人功利、实际、单调、机械的世界所影响，孩子的好奇心上就会蒙上一层厚厚的灰尘，再也不如刚进入世界时那么鲜亮了。所以家长应该尽量给孩子创造一个丰富多彩的世界，刺激孩子的好奇心，在家的时候应该多跟孩子交流，让孩子的每一个"为什么"都能得到答案。这样才能在孩子的成长中留下深刻的印象，同时对这个世界和自己充满向往，创造一种积极的生活态度。

父母该如何注意才能不扼杀孩子的好奇心呢？

1. 给孩子宽松、自由的家庭环境。在家应该允许孩子问各种问题，不要限制孩子发问的权利，而且在回答孩子问题的过程中延伸相关问题，以此激发孩子的想象力。对于不太确定的问题，不要给孩子乱说，应该跟孩子一起去探索问题的答案，也鼓励孩子自己去寻找答案。

2. 不要限制和苛刻孩子的"乱来"。有的时候孩子因为好奇收音机里怎么会传出声音来，会把收音机拆掉，这个时候父母不要生气，在肯定孩子好奇心的时候，要给孩子讲道理，说明不是所有的东西都可以拆的，继而让孩子学会该怎样对这些东西负责。

3. 鼓励孩子在大自然中发现美。大自然是最好的老师，孩子在与大自然的接触中最容易启发天性，会对很多东西存有好奇心，所以父母多带孩子去接触大自然，给孩子讲解，带领孩子认识自然、认识世界。

4. 多问孩子问题，启发孩子的好奇心。在与孩子的接触中，应该多与孩子沟通，可以问孩子一些问题，例如："宝贝，你注意到这个虫子和那个虫子有什么不一样了吗?""宝贝，这两朵花的颜色不一样，你说为什么呢?"这些问题更能激发孩子的好奇心，以及想要寻求答案的积极性，从而打开孩子认识世界的窗户。

当然，父母还应该考虑到孩子的优缺点，对孩子的长处予以肯定，对孩子能够提出新意的问题给予充分的鼓励和肯定。例如："哇，我们宝贝这么聪明啊，问的问题妈妈都回答不上来，我们一起去找答案吧。"同是对孩子的探索创造精神表示赞许，这样就更激发了孩子的积极性和好奇心。

好奇心的不断增长，很可能引起孩子对水、火等危险事物的兴趣，这时父母一定要注意对孩子安全的保护，让孩子远离危险。

五、 忌讳父母把不良情绪带回家

父母不应该把在外面受到的委屈、不公平的待遇等不良情绪带回到家里，把家人当出气筒。尤其是面对孩子的时候，更不能这样，孩子是无辜的，父母不应该因为自己的一时冲动，给孩子造成伤害，同时伤害了家庭的和睦关系，这是得不偿失的。

看看下面事例中妈妈的行为是不是值得我们反省自身？

思思在家等着妈妈回来，心情很好，心想着回来要给妈妈一个惊喜，因为她今天画了一幅画，受到了老师的表扬。她画的是一个幸福的家庭，取名叫太阳。正在她想着把画藏在哪里等妈妈回来自己找的时候，妈妈回来了。思思看到妈妈的脸色不太好，好像不太开心，而且回来把门重重地摔上了，也不像平时那样回来就跟思思先玩一局"捉迷藏"的游戏。这次妈妈直接去厨房做饭了，而且声音很大，思思知道妈妈不高兴了，就把自己的画拿出来给妈妈看，谁知道妈妈说，"没看到我忙着吗，谁有那闲工夫看你的画？"吓得思思不敢说话了，心想，妈妈今天跟平时太不一样了。过了一会儿，爸爸回来了，一家三口在饭桌上吃饭，思思把饭粒掉的桌子上、地上都是，妈妈再一看衣服上也都是因为画画蹭上的颜料，就气不打一处来，又想起了今天在公司和同事大吵了一架的事情，这时候就忍不住把孩子骂了一顿。思思没见过妈妈发这么大火，吓得大哭起来。

很多家长都无法把在外面受到的不良情绪跟家庭分离开来，而是回家把这些不良情绪带给了自己的孩子。父母在社会上遇到的各种矛盾和烦恼，在回到家后也无法调整自己的心情，不能把各种烦心事抛在脑后，当遇到孩子不听话的时候，就会像火山喷发一样将自己的不良情绪点燃，爆发出来。

其实，有的时候孩子是无辜的，身上没有多少问题，就像思思拿着自己的画想要让妈妈看一样，要是在平时妈妈一定会表扬孩子，并且很高兴，只是因为自己当时的不良情绪，将孩子的一番好意理解成捣乱。

父母为了家庭，每天很忙，压力又大，心情不好是可以理解的。现在越来越快节奏的生活，让人们心里越来越容易烦躁，情绪也越来越不好掌控。但是身为父母要保持一定的理性克制，因为父母的行为对孩子的影响是十分巨大的，孩子会根据父母的行为来决定自己的行为。如果父母心情不好就向孩子发火，那么就会给孩子的心理健康和性格造成一定的不良影响。孩子无辜地受到责难，会对这个家庭的关系有一种隐隐的不安全感，总是害怕父母会在某一天又对自己发火，从而会质疑自己，时间久了就会怀疑是因为自己才让父母这么生气的，继而就越来越没有自信了。

父母在向孩子发泄过不良情绪之后，心里肯定也会有不安和后悔，这时无论如何要拉下脸面，向孩子道歉，并对孩子说明缘由，说明不是因为孩子不好，而是父母自己的问题，这样才能让孩子原谅，才能解开孩子心里的疙瘩，不会因为怀疑自己而逐渐自卑。

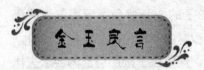

父母回到家中，就要考虑到自己的情绪对家人的影响。孩子应该在和谐的家庭中生活，该是受保护的，父母不良情绪的发作会打破这一切，给孩子带来不安全感，这样的情况父母应该杜绝。

六、 忌讳父母把个人愿望施加到孩子身上

很多父母年轻时都曾有过美好的梦想，也有的因为各种原因没能实现，等有了孩子之后，看到孩子身上蕴含着无尽的希望，所以父母又想起来自己那些过去没能实现的愿望，就有了一种错误的心理，即希望孩子能够完成自己未完成的心愿。所以对孩子要求十分严格，而且还经常拿自己的那一套说辞，"你可要吸取教训啊，不要像爸爸当初那样，才导致了现在这么后悔"。父母从来没有问过孩子："你喜欢的事情是什么？""你想要追求的梦想是什么？"很多时候都是二话不说，就把自己的个人愿望强加到孩子身上，根本没有把孩子当成一个独立的生命个体来看待，忽略了孩子本身的兴趣点，给孩子的成长背负了更多沉重的压力。这对孩子来说是极度不公平的，这也是家庭教育中父母应该注意和反省的。

这样一来，父母就会对孩子提出很高的要求，规定孩子按照自己的要求去执行，这些要求有的不是孩子可以完成的，都是父母的主观愿望，有着强迫性，希望孩子能够比自己当初做得更好，强迫孩子去接受并且作出努力。有的时候孩子对家长想要让自己做的根本不感兴趣，而且一旦变成一种任务似的强加，就更加激不起孩子的兴趣，对孩子反而是一种负担。

父母不应该强迫孩子完成父母主观意愿内的事情，虽然是父母极力想完成的，但是对孩子来说这样的强加没有任何的效果，而且对于孩子的成长以及个性的发展都是极为不利的。严重的时候甚至会使孩子叛逆，反抗父母强加给自己的权威，这样对孩子来说就是一种消极的诱导。

所以说，父母应该做的是明白孩子的优势和特长，以及孩子的兴趣点在哪儿，结合孩子的这些特点来因势利导，在客观条件的允许下给孩子创造条件，去培养和强化孩子的才能与兴趣。在家庭教育的过程中，切记不要总盼望孩子成为

自己没能如愿成为的那一个人，也不要要求孩子必须成为那个最优秀的人。因为孩子的心理承受能力和学习能力是有差别的，每个人都受客观条件和主观能动性的影响，每个孩子所能达到的水平也是不平衡的。如果每个家长都要求自己的孩子必须是那个最优秀的，那是不现实的。

生活里应该让孩子有机会成为自己，有机会让孩子的自我发展壮大，让孩子按照自己的天性和兴趣来发展自己，按照自己的内心愿望去实现自我，而不是以父母的愿望作为自己的人生目标，让孩子背负着沉重的负担过着一种自己不情愿的生活，那样的生活是无趣的。所以父母应该学会放养孩子，让孩子有机会成为他自己。

我们做父母的，没有必要一味地苛求孩子，苛求孩子为了一个对他来说没有兴趣的、难以实现的愿望而殚精竭虑。这种超出孩子主观兴趣范围的要求和教育方式，很容易对孩子造成伤害，让孩子在孩童时期感受不到宝贵的快乐。

金玉良言

对孩子的教育，应该给孩子最适合的，不是父母眼中自己的"未完成的梦想"，而应该是在让孩子充分发挥自己特长的基础上，帮孩子建立一个属于自己的梦想。

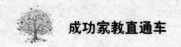

七、 忌讳父母表扬过度， 滥用奖励

表扬是鼓励孩子积极性的一种方式，是家庭教育中十分重要的教育手段。如果在教育孩子的过程中能够运用得好的话，就会让孩子在合理的表扬中找到自信，对孩子的成长十分有利；但是如果运用不恰当，对孩子过度表扬，就会使得教育效果大打折扣，因为对孩子过度表扬容易使孩子不能够认清自我，觉得自己比谁都厉害，严重的话还会养成自大、目中无人的坏习惯。

所以对父母来说，在面对孩子的时候，要把握好表扬的度，因为表扬不够的话，孩子体会不到父母对自己的鼓励和重视，从而无法树立自信心；表扬过度的话，孩子容易陷入自我成功的幻想中，就会给自己制定能力范围之外的目标，而在遭到失败的时候，又会因为无法接受现实而备受打击。

当父母对孩子过度表扬的时候，孩子很容易对廉价的表扬上瘾，如果听不到父母表扬，就会失去自我，不知道自己的目标和方向。所以父母一定要知道表扬的作用，要适当地表扬孩子，要从细节上表扬，而不要随便一件事情都去表扬，不要宏观上表扬，这样孩子容易"审美疲劳"，甚至会怀疑父母的真诚度。表扬的目的是为了孩子能更好地进步，而不是让孩子把得到表扬当成目的，表扬只是一个手段和方式，而不是结果。

要让孩子有能力获得那些表扬，父母要有针对性地进行表扬，而不要泛泛地进行表扬，那样对孩子来说就是一种敷衍。有时候你的表扬在孩子看来可能是对他的一种偏见，例如，没想到你这么聪明啊，虽然听上去像是表扬，但是其中的言外之意就是说"我原来一直以为你挺笨的"。或者有的父母因为过度表扬，夸大事实，使得孩子享有一些浮夸的表扬，这些表扬的过度，会使孩子产生厌烦心理。所以父母对孩子的表扬，应该重细节，这才是有效的表扬。

很多父母表扬孩子的时候，不只是语言上的鼓励，有时还会附加物质的奖励。家庭教育中父母应该注意，对孩子的奖励不该滥用，要适度，而且要针对不同的情况选择合适的方式。例如当孩子做错事情时，父母要做的应该是开导和教育，而不是为了不让孩子再做这件错事而给他物质激励。这样容易让孩子没有边界地做各种不合理的事情，反倒会以做这些不恰当的事情为借口来威胁，只有父母拿来奖励品的时候才罢休，这样就失去了奖励的本质，变成了一种不良的交换。时间久了孩子会养成胡作非为的坏毛病，认为没关系，反正父母会拿物质利诱，到时候再罢手也不迟，这样的孩子对奖励产生了依赖，都是因为父母随意奖励、没有任何价值标准的缘故。

所以父母应该注意，对孩子的奖励不应过度，而且要以精神奖励为主，物质奖励尽量不要太多。奖励应该是针对孩子做对了事情、在做事的过程中态度认真，或者做好事的情况；不应该是为了不使孩子做某件不对的事情的一种手段，那样会使孩子越来越糟，越来越对物质利诱产生依赖感，时间长了就会对孩子的成长造成不利影响。

在对孩子的鼓励中，精神鼓励的作用是巨大的，一个微笑、一个眼神、一个拥抱、一句鼓励的话等都会让孩子从中得到十分巨大的力量，让孩子感受到父母的关爱和欣赏，能够促使孩子取得更大的进步。物质奖励的效果也是明显的，前提是一定要使用适度，让孩子知道，这件礼物是用自己的努力得来的。在物质奖励中也能对孩子起到一定的激励作用，这种形式相对直接客观，如果跟孩子渴望已久的东西相关联，孩子会十分喜欢，尝到成功滋味的同时就会更加努力。但是父母应该注意，无论是精神上的表扬和肯定，还是物质上的奖励和分享，都应该有一定的度，表扬不能过度，奖励也不能滥用，这样才能促进孩子健康成长，获取不断成长的动力。

父母要知道表扬和奖励都不是目的，只是对孩子努力的一种肯定，父母不要把其当成目的或诱饵，让孩子为了得到这些而功利性地努力，所以奖励应该适当、合理，不要让它失去意义。

　　孩子的特点和喜好有所不同，父母要针对孩子的个性特征来进行适当的表扬和奖励，同时要表扬和奖励得及时、到位、具体，让孩子感受到你发自内心的真诚。

八、 忌讳父母跟早恋孩子搞对立

早恋是青少年在青春期时正常的心理和生理反应，是孩子荷尔蒙引发的对异性的好感，并不是什么坏事。父母不要一味地打压，越打压孩子反而会越反抗，走向物极必反的阶段。所以家长面对孩子早恋的情况，应该注意疏导而不是盲目阻拦，有些父母听到孩子"恋爱"就像碰到洪水猛兽似的，把孩子管得死死的，认为早恋就一定会影响孩子的学习，把这种情感活动和学习活动对立起来。在孩子看来也许正常的同学感情，都被父母莫须有的怀疑给破坏了，最终很可能使孩子为了反抗而真的走上一条错误的道路。

有的时候事情不是父母想的那样，父母一听到早恋这个词所表现出来的反应就已经暴露了父母的偏见。父母经常会把成人的恋爱和孩子的早恋画上等号，而这两者是不一样的。在孩子的世界里，不光只有学习，在知识积累之外，他也在寻找同伴，寻找共同成长的孩子。这时父母眼中的早恋在孩子眼中也许只是一种自我认同，是寻找另一个自己或不同于自己的小孩的游戏，像是两个在玩过家家的小孩，扮演不同的角色，性欲的成分很少。孩子在萌动的青春期不会考虑过分复杂的事情，只是喜欢跟异性接触，喜欢在与异性的交流中寻找共鸣、缓解压力等。父母的过分敏感反而夸大了孩子的这种正常情愫，让正常的朋友情感变得不正常起来。

父母之所以反对早恋，就是怕孩子因为早恋而影响学习，或者因不明界限、性情冲动，对孩子造成伤害。但是这只是一种可能性，大多数父母都把这种可能性当成一种绝对性来考虑，从而对孩子进行严加看管和阻挠，给孩子下"禁止令"，用各种方法跟孩子对立，觉得这也是为孩子好。殊不知，在孩子正处于叛逆期的时候，父母越不让怎样，孩子就越想怎样。

有这样一个事例：

陈女士最近发现上了高中的女儿越来越注意自己的形象了，每天早上起来都要在镜子面前臭美，对着镜子前后左右地照，头发也是梳了又梳，而且每天都换一身新衣服。每天早上一边背书包一边哼着歌，还不忘了回头跟她说一句"妈，我走了啊"，看上去很亢奋的样子。陈女士开始怀疑女儿谈恋爱了。后来有一天妈妈在楼上看到一个男生送女儿回家，两个人在楼下说了一会儿话才分开。过一会儿就听见女儿一路欢唱地回来了。陈女士想跟女儿谈谈，但是一想孩子现在正处于叛逆期，不能蛮横打压，那样肯定会起到反作用。于是，她平复了一下自己的情绪，端了杯咖啡，敲了敲女儿的门。开门看到女儿在写作业，就坐到女儿旁边，过了一会儿就问，刚才那个男同学是谁啊，看起来还挺不错的一个小伙子。女儿没想到妈妈会这么说，红了脸说，"就是一个普通同学，我们班班长。"陈女士说，"妈妈相信你们之间肯定关系很好，但是现在你们正是学习的关键时期，要知道只有做好当下最重要的事情，才能变成一个更强大的人，能力强大了之后才能有更好的未来，才能跟最爱的人有幸福可言。妈妈不是强迫你怎么做，只是你长大了，要明白最重要的事情是什么，现在做的任何一件事都要对未来负责。"女儿若有所思地点了点头，说了声"谢谢妈妈，我一定会努力的"。妈妈抚摸了女儿的头，关上门出去了。

在这个案例中，陈女士并没有依靠语言暴力和不理性的行为来跟孩子处于对立的状态，也没有十分过激的反应，而是承认这种情况的存在，并没有粗暴制止，而是耐心地跟孩子疏导观念，循序渐进，有针对性地与孩子进行沟通。所以父母只要加以正确引导，让孩子能够充分地理解，一定会收到很好的效果。不少家长担心孩子还小，说不定过早地引导会有"误导"的副作用，让还没有成熟的花过早地开放。其实，青春期的孩子已经长大，思想都相当成熟，甚至比父母想象中的还要成熟，父母不要忽视这一点：孩子其实也如成年人一样，也有情感的需求。

父母可以用一种孩子能够接受的方式告诉孩子两性之间的关系该如何处理，比如什么可以做，什么不能做，做了会有什么样的后果等，让孩子克制自己的理性，聪明的孩子会管理好自己的情感，父母要做的应该是将孩子引向一种积极的状况，让孩子在彼此喜欢中获得学习的动力，在两情相悦中促进各自的心理成长。当孩子得到父母的尊重和理解之后，与异性的相处也许不会影响学习，反而有可能促进学习，为其学习生活增添一抹亮色。

但是有的孩子进入早恋之后，确实也给家庭和自身带来一些问题，轻者影响学业，重者甚至导致孩子陷入误区，例如两个正在上学的同学因为早恋遭到父母反对，竟然共同离家出走，双双私奔。所以父母在与孩子的沟通交流中，一定要对孩子加强教育，以预防为主，不要激化矛盾，而应该做孩子的良师益友，通过各种方式更好地引导孩子。

父母应该在发现孩子早恋后，分析原因，不要仅盯着早恋事件本身，不要横加指责，不要制止孩子，否则很可能激发孩子的愤怒，反而坏事。父母要了解原因，同时进行思想转化工作。

九、 忌讳父母无视青春期孩子的性教育

现代社会，随着物质水平的极大发展，儿童青少年的生理期和青春期发展越来越提前。有一项数据显示，小学五六年级已有30%左右的青少年出现生理反应，例如男孩出现遗精，女孩乳房发育、月经初潮。这种情况的出现使得孩子更应该及早地接受合理的性教育，因为孩子对自己身体发生的变化如果不明白是怎么回事的话，会对这些变化感到恐慌，甚至影响孩子正常的身心健康。所以说，父母对孩子的性教育一定要及时，根据孩子不同阶段的成长特点来进行，不能回避。

有教育学家指出，性教育包括生命教育、人格教育、两性交往、心理健康、安全教育等多方面内容，父母应该从这些方面对孩子进行性教育。青春期的孩子在面临自己生理的巨大变化时会表现出不知所措，或者好奇的心理，这时他会向爸爸妈妈问各种问题，例如：我从哪里来？为什么小朋友有的站着撒尿，有的就要蹲下？为什么我的脑子里总想坏事？相信很多父母都被问过相类似的问题，很多时候父母总是敷衍过去，用一些像"你是从垃圾堆里捡来的"这样荒诞不经的理由来搪塞孩子，从来没有真正面对这些性问题，对这些问题视而不见，导致孩子的好奇心或者内心的恐慌无法得到释放，所以就借助社会上各种不良的渠道来获得答案，例如通过不经审查的色情出版物、宣传暴力和色情的音像制品等来获得满足，同时对孩子的身心造成伤害。

父母是孩子的第一任导师，是孩子最好的性教育老师，所以父母首先要做到的就是不要遮遮掩掩，藏着掖着，而是大大方方地用一颗坦诚的心去面对孩子的疑问，面对孩子身体上发生的变化，去跟孩子沟通这些性问题。要知道越是藏着掖着就越是让孩子产生误解、对性的想象越会进入一个误区，使得孩子的性无

知、性愚昧、性好奇日渐升级，严重的话会在对不良行为的效仿中犯下错误。所以在孩子进入青春期（现在孩子的青春期比较早，女孩大概 11 岁、男孩大概 12 岁）以后，性意识逐渐增强，父母要及时抓住机会进行性知识和性道德教育，让孩子在那些纷繁复杂的环境中保持理性。

很多家长对性的话题难为情，在孩子面前不好开口，也有家长认为孩子还小没有必要进行性教育，他长大了自然就懂了，还有家长认为性教育会弄巧成拙，对孩子起到负面作用，孩子知道的太多反而招惹是非。正是因为这些错误的认识才导致孩子缺乏正规的性教育，对性道德、性心理缺乏足够的认识，容易进入思想误区，孩子容易在性好奇心理的驱使下抵挡不住外界不良因素的诱惑，从而因为性冲动导致越轨行为。这种情况父母应该充分注意，性教育是家庭教育中不可忽视的一部分。

有这样一个事例：

康康最近总觉得自己有点不对劲，原来尖亮的声音变得浑厚起来，有一天早上起来觉得裤子上湿湿的一片，而且有时候脑子里总是一些不好的事情，他为此十分烦恼，总觉得自己生病了。在学校跟男同学一起的时候，大家有的时候会悄悄地议论，康康才知道不只自己一个人这样。所以有一次回家之后，康康就问爸爸是怎么回事，爸爸说这说明你开始发育了。可是这样笼统的回答，康康还是不明白，就接着问："爸爸发育是什么，人有些什么变化，为什么我总是想一些不该想的？"每到这时爸爸总是会说："你已经是个男子汉了，等你再长大一些，到时候你自然会明白的。"

父母在孩子面前应该摆脱以前谨慎、守旧的观念，应该跟随时代的潮流，对孩子的性教育也应该以开放的姿态来面对孩子，帮助孩子树立正确的性道德观念，在孩子的成长过程中，教孩子什么是健康的性道德情感，要教育孩子学会理性控制自己的意志，规范自己的性行为。这些性教育一定要到位，以培养孩子判断是非的能力。

对父母来说，实际生活中对孩子的性教育如何进行才能落到实处，对孩子起到健康身心的作用呢？

1. 给孩子提供一些有关生理发育的书籍和资料，让孩子明白身体的各个器官名称，便于父母和孩子的交流，让孩子明白什么是性侵犯，然后让孩子树立起

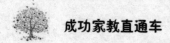

自我保护的意识。

2. 在日常生活中遇到的类似问题进行教育。例如看到电视上相关性犯罪新闻，以及电视情节，可以在对事件的讨论过程中对孩子进行渗透性的教育，以润物细无声的教育方式注入孩子的思维，而不必专门去跟孩子说性教育的问题，那样孩子可能会觉得无厘头，父母自己也会感到尴尬。

3. 帮助孩子树立隐私意识，培养孩子维护隐私权利的能力。父母在日常生活中要告诉孩子，自己的生殖器官是自己最隐私的秘密，在没有得到自己允许的情况下，任何人都不能看或者碰那个部位，告诉孩子也不要去碰别人的隐私部位。每个人都有维护自己隐私的权利，要告诉孩子不管在谁面前都要牢牢捍卫自己的权利，不让自己受到伤害，同时也要尊重别人维护自己隐私的权利。

4. 面对孩子的疑问，父母不要敷衍。应该找一个合理的、孩子能够接受的说法通俗易懂地说给孩子听，要注意不要用一些谎言来敷衍孩子，这是对孩子的不负责。

5. 必要的时候跟孩子一起去查资料，寻找答案。对孩子的性问题和他对性的好奇心进行解答，也给孩子树立一种榜样。

总的来说，对孩子进行青春期的性教育是非常重要的一件事。父母给了孩子生命，孩子有权利知道自己是从哪来的，而且对自己成长中的疑问有权利向父母寻找答案，父母应该不要避讳，而是知无不言地面对孩子的性问题和性心理，这样才能避免一些问题的发生，才能给孩子提供可以预防侵犯、解决问题的方法。只有父母陪伴孩子一同成长，孩子的未来和幸福才有保障。

父母也可以结合自己的青春期经历，在与孩子分享经历的过程中渗透对孩子的性教育，同时倾听孩子的看法，纠正孩子不正确的思想，引导孩子走出误区。

十、 忌讳父母忽视对孩子的防性侵犯教育

最近几年，孩子在学校受到老师猥亵，以及在社会上受到性骚扰的案例层出不穷，父母都对此提心吊胆，而且女性是受性侵犯的直接受害者，所以父母对于女孩的防性侵犯教育迫在眉睫。孩子理应受到家庭和社会的保护，而当父母不在身边的时候，父母应该教会孩子自我保护的能力，教给孩子辨别是非的能力。这是当前保护孩子身心健康最重要的一课。

在我们能够看到的各种新闻里，孩子因为对性知识的缺乏，对自我保护的意识不够鲜明，面临很多与性有关的情景，不能作出正确的决定，不知道对方对自己的侵犯意味着什么。所以这是家庭教育中的一种缺失，因为父母没有教孩子什么是性侵犯，在遇到性侵犯的时候应该做些什么，没有教会孩子判断什么是安全的情境，什么情境潜伏着性侵犯的危险。而这些侵犯行为给他造成的伤害，有的是一辈子也无法弥补的，可见家庭教育中对孩子性教育的重视多么重要。

希望下面这个事例能够给当前父母的性教育问题带来一些启示：

刘女士和女儿坐在沙发上看电视，电视新闻上正在播放一个学校的老师因为诱奸了 20 名小学生而遭到逮捕的消息。这个老师以提高孩子学习成绩为诱饵，编造理由把孩子带到偏僻的地方，对孩子施行人身侵犯，这群孩子中最小的 6 岁，最大的也才 11 岁。看完这个新闻，女儿回头问她："妈妈，什么是性侵犯？"刘女士想了想，这种情况正是对孩子进行性教育的最佳时机，正好可以对孩子进行一下防止性侵犯的教育，所以就尽可能用孩子听得懂的语言跟孩子说："性侵犯就是一些人不怀好意地玩弄你的隐私部位，对你进行让你感到不舒服的抚摸和

调情，违背你意愿地亲吻和拥抱你，语言上说一些挑逗的下流话，企图对你的身体进行接触，把他自己的不良要求强加到你身上。"女儿点了点头，这时，刘女士就顺势跟孩子说："性侵犯会给自己带来伤害，所以你要学会自我保护，知道吗？你要记住平时除了父母、医生和护士，不准任何人动你的身体，更不能随便脱你的衣服，即使是医生和护士也应该经过父母同意才行。还有平时最好不要单独去老师家里，要有可靠的同伴才行。放学回家的时候除了家人，不能让任何人以任何理由接你走，如果爸爸妈妈有事需要别人去接你的话会提前告诉可靠的老师，让老师转达给你，不要相信陌生人编造的奇怪理由。"这时女儿郑重其事地点了点头。

孩子就是一个家庭的中心，孩子的身心健康关乎家庭的幸福，更关乎孩子的未来，所以保护好孩子，让孩子拥有保护自己的能力和意识，是最重要的。所有的父母都应该重视这个问题，防患于未然，不要亡羊补牢，那时已经太晚了。

当孩子在外面受到性骚扰，身心都会受到不同程度的伤害，会有很多的负面情绪，例如害怕、羞耻、烦恼等。这个时候父母要做孩子的倾诉对象，要给孩子精神上的力量，要先稳定自己的情绪，然后才能给孩子呵护，要在孩子面前保持镇定，让孩子可以在自己那里寻找安慰。那么在平时的日常生活中，父母应该跟孩子进行怎样的教育来让孩子树立起保护自己的意识，防止悲剧的发生呢？我们应该结合性教育学家的提示来从以下几个方面作出努力：

1. 帮助孩子养成维护自己身体隐私的权利意识。父母要告诉孩子，身体是属于自己的，没有经过自己同意任何人都不能随便摸自己的身体，尤其是隐私部位，要告诉孩子如果有人触摸你的身体，让你感到不舒服或者害怕，回家后一定要告诉爸爸妈妈。

2. 告诉孩子如果发觉对方有性侵犯的企图时，一定要明确而坚定地表示自己的拒绝态度，鼓励孩子勇敢地说"不"。告诉孩子可以明确地让对方知道对他的行为的反感和厌烦，如果对方仍然有性骚扰的行为，应及时回避和报警，或者大声呼救，不可犹豫。

3. 告诉孩子不要接受任何陌生人无缘无故的馈赠，不要跟陌生人单独接触。

因为很多心存不轨的人会用诱惑来对孩子下手，趁机对孩子进行侵犯。

4. 增强自我保护意识，学会自我保护的方法。父母要告诫孩子，对各种不怀好意的用异样的行为举止对待你的人，即使是熟人也不能放松警惕，应该保持安全的距离，单独出行时，可以随身带一个防身器具，用来保护自己。

5. 女孩子自己出门的时候应该穿着得体大方，避免穿袒胸露背或超短裙之类的衣服去人杂拥挤的地方，或者单独去僻静的地方；也要注意自己的行为举止，不要说一些太过随便的话，也不要做一些不雅观的姿势，让对方认为你带有挑逗的意味。

6. 当在公共场合遇到有性骚扰行为的人，千万不要不好意思或退缩，可以大声斥责对方"将你的手拿开"，或者用严厉的眼神将其逼退，也可以大声呼救，引起公众注意，使得侵犯者知难而退。

7. 遭遇性骚扰时可用机智进行周旋，应该设法保留证据，及时向有关部门或者警察求助和告发。

8. 当孩子受到伤害的时候，父母应该尽快带孩子去医院检查，对孩子进行及时的心理咨询和心理治疗，医治精神创伤。

9. 叮嘱孩子出门时尽量不要单独出行，尤其是晚上，不要独自走夜路，不要走人少的地方。如果被人跟踪的话应尽量去热闹、明亮的地方，寻求别人的帮助。

父母要跟孩子说清楚，有人如果碰过孩子的身体并要求孩子保守秘密的时候，让孩子一定要及时告诉自己，不管是谁，即使对方是自己熟悉的人也要告知父母。同时也要跟孩子说清楚，平时一个人在家的时候不要给陌生人开门。父母在跟孩子进行这方面教育的时候，一定要注意教导的方向，不要把每个人都描述得像是一个罪犯，让孩子对这个世界抱有的美好都消失殆尽，反而以一种惶惶然的心情面对这个世界，这是不正常的，所以父母应该跟孩子说大部分人都不会这样做，但是万一有这种情况出现，要让孩子学会提高警惕，要让孩子按照上面的方法来进行权利维护，学会在自我保护中获得安全。

父母进行防性侵犯的教育过程中，需要的是让孩子变得智慧和强大，在遇到这种情况的时候能保护自己，而不要给孩子造成恐惧心理，以至于怀疑任何人，这是教育过度的表现，是不可取的。